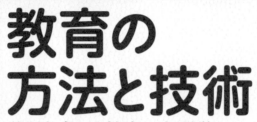

# 教育の
# 方法と技術

学びを育てる教室の心理学

田中俊也 編　TANAKA Toshiya

ナカニシヤ出版

# はじめに

　編者は教育心理学・認知心理学を専門とする心理学者の一人である。人間が環境の中からどのように知識を構成し，それを組織化し，次の世代にとってはそれが環境の一部として学ぶべき対象となり，改めて，それをどのように教え・伝え，学習者はそれをどのように学んでいくのか，ということがらに一貫して関心を持ってきた。

　個人のレベルでのそうした変遷も大いに興味ある話題ではあるが，公的には学校教育という制度があり，そこが担っていくことが期待されている。学校は，知の発生，育成，構造化，伝達・構成等に大きな責務を負っている。また，社会性・人間性の育成に対しても同等あるいはそれ以上の責務がある。学校に行ったばかりにつぶされてしまう，というような悲劇は決してあってはならないことである。

　そうした思想をもとに，20年ほど前に1冊の「教科書」を編集した。そこでは，初等・中等教育場面での教育活動を想定して，特に，学校教育に定着しつつあったコンピュータをいかに活用して教育実践を行ない，いかにしてそれを振り返るか，に焦点を当てた章を中心に構成した。学び，社会的構成主義，納得・自明性等をキーワードに，ツールとしてのコンピュータ活用のありかた（当時はまだICTという表現はなかった），教育の振り返りとしての評価の問題を扱った。

　視点としてはかなり斬新なものであり現在にも通じるものがたくさんあるが，20年という歳月を経て，当然その内容は一部陳腐なものとなり，今回，編者の周りの研究者・実践者を集めてまったく新たな書を出版する運びとなった。その背景のひとつには国の教職課程の組み換えという外的な事実も存在するが，それへの対応より，本質的に重要な点をできるだけ網羅し深い考察も加えていく，という方針で編集した。

　第1章では，本書を通じて共有されている，学び手の側から見た教育活動を概観するもとになっている，学ぶこと（学習観），教えたり指導したりす

ること（教授・指導観）をどのように捉えるかを述べている。また，両者に共通な，知識をどのように捉えるか，について5つの理論的背景を解説している。

第2章では，教え・指導する際に教師がどのような工夫をするか，について，一斉指導での工夫，学習者の特徴を踏まえた工夫，学習活動への意識の持ち方を踏まえた工夫について紹介している。

第3章では，特に今期の指導要領改訂の際大きな話題になったアクティブラーニングについて，その背景，必然性，原理，手法が詳述されている。初等・中等教育段階では結果的にアクティブラーニング（文科省的表現では「アクティブ・ラーニング」）は表現としては取り入れられなかったが，「主体的・対話的で深い学び」と表現は変えられてその思想はしっかりと根付いている。

第4章では，学びを育てる，という意味で，特に大学でのラーニングコモンズ等の学習環境のデザインの紹介を通して，その学びが育つ環境のデザインの重要さを述べている。主体的・対話的で深い学びを実現しようとする際には，初等・中等教育段階でも，学校自体の構造設計なども重要な課題になるが，そのヒントがたくさん隠されている。

第5章では，そうした学習環境のうち，特にICT環境の必然性について，歴史的経緯や理論的基盤が述べられている。特に，知識獲得や運用の観点から，あるいは学習と記憶の関連などから，単に奇をてらったICT活用ではない，本質的な活用の哲学が述べられている。

続く第6章では，そのICT活用の実際のありさまが，教育目的との関連で紹介されている。特に，他者とのコミュニケーションを広げる場としてのICT活用，表現の可能性を広げるツールとしての活用は，重要な視点であろう。

第7章では，ここまでの教育実践を振り返る場としての教育評価の問題を扱っている。その種類や機能，いわゆる「テスト」の持つべき特質が述べられ，学習者中心の教育という本書を流れる主張の中で，質的評価の重要性についても述べられている。

第8章では，特にそうした質的な教育評価のありかたを「振り返り」という観点から紹介している。その中で，教育活動の正統性・真正性等の保証が重要であること，それらを測る方法等について言及されている。

最後の第9章は，教育実践を行ないつつ，研究的な視点も持つことの重要

さを述べている。特に質的研究法の起源や原理，具体的な研究法が紹介されている。日常の「業務」に忙殺されがちな現場の教師も，こうした研究的な目をどこかに保って実践を進めていくと，同僚とのコミュニケーションが進み，大学等研究機関との協力もより容易になるものと考えられる。

　本書は以上 9 章に加え，現場の声としてコラムを 5 か所設けている。前後の章と関連させて是非生々しい現場の声を読み取っていただきたい。

　編者をとりまく豊かな仲間のおかげでこうして，網羅的かつ高品質な本を編集することができた。執筆者の皆様に心から感謝するものである。また，ナカニシヤ出版の編集部・石崎雄高さんには，本書企画段階から大変お世話になった。記して謝意を表するものである。

　2017 年 6 月　千里山にて

田 中 俊 也

# 目　　次

はじめに　*i*

## 第1章　教えること・学ぶこと……………………………………… 3
1　学習と学び　3
2　学習観，教授・指導観　5
3　知識観　8

## 第2章　教えることの工夫と技術…………………………………… 20
1　一斉指導　20
2　学習者集団の特徴を踏まえた指導　25
3　学習者自身の学習活動への関わりを意識した指導　27
4　個別指導　32
5　ICTを活用した双方向的な授業の試み　34
6　教えるということ　34

**コラム1**　おこりんぼものさしで感情コントロールを学ぶ　37

## 第3章　学びが育つ教授法…………………………………………… 39
1　アクティブラーニングとその背景　39
2　なぜアクティブラーニングが必要なのか　42
3　アクティブラーニングが抱える課題　45
4　深い学びを促すアクティブラーニングの授業デザイン　48
5　アクティブラーニングの手法　51
6　アクティブラーニングの必然性　56

**コラム2**　「わかる」授業を通して「学び続ける」態度の育成に　59

## 第4章　学びを育てる環境 …………………………………………… 61

1　学びを育む学習環境　61

2　教室における学習環境デザイン　64

3　図書館・ラーニング・コモンズにおける学習環境デザイン　70

4　学習環境における学習支援のデザインを考える　75

5　よりよい学習環境を作り続ける取り組み　80

**コラム3**　？と！の声が響く授業　84

## 第5章　ICT活用の基本的理念 ………………………………………… 86

1　ICT活用の目的　86

2　教育へのICT活用とは　89

3　ICT活用導入のこれまでの流れ　92

4　ICT活用の理論的基盤　95

5　ICT活用の実証的基盤　101

**コラム4**　実感を持てる日本史授業の工夫　107

## 第6章　ICT活用の方法 ………………………………………………… 109

1　ICTで学ぶ　109

2　教育方法としてのICTの活用　115

3　コミュニケーションの可能性を広げる　119

4　子どもの表現の可能性を広げる　121

5　ICT活用の今後の姿　124

## 第7章　教育評価 ………………………………………………………… 129

1　教育評価とその種類　129

2　テスト　133

3　テスト得点による評価の種類　138

4　数値によらない評価の工夫　143

5　評価の対象とその活用　146

目　次　v

## 第 8 章　教育活動を振り返るということ …………………… 151
- 1　教育活動の振り返りの基礎　151
- 2　教育活動の振り返りを支える学びの理論　157
- 3　教育活動の振り返りのための方法論　159
- 4　教育活動の振り返りに向けた実践　164

**コラム 5**　「そういうとこ嫌いやねん」　173

## 第 9 章　教育実践の質的研究方法 ……………………………… 175
- 1　質的研究の世界観　175
- 2　構造への接近　179
- 3　過程への接近　184
- 4　質的研究法の質の管理と保証　189

＊

人名索引　196

事項索引　198

教育の方法と技術
――学びを育てる教室の心理学――

# 第 1 章

# 教えること・学ぶこと

　本書では，一貫して，学校教育での教える・学ぶ活動を中心に据えて，そこで展開されるさまざまな形態や方法・技術・手法について，その原理的な側面を視野に入れて，できる限りていねいな解説をしている。同時に，そうした教育活動を振り返って次の活動につなげていくための効果査定や評価の問題，研究法を扱っている。

　こうした教育実践とその振り返りは表裏一体のものであり，両者の行きつ戻りつを繰り返すことそのものが実は大きな意味での教育実践でもある。

　そのとき，どういう教え方をするのがいいのか，どういう学習のしかたをするのがいいのか，そもそもそこで扱う知識とはいったいどういう性格のものなのか，ということについての教授者あるいは学習者の捉え方は，その実践のありかたを左右するという意味できわめて重要なことがらである。

　本章ではまず，そうした，教授・学習活動の背景にある，日常的にはあまり意識にあげない重要な側面について考えていくこととしよう。

## 1　学習と学び

### (1) 学習

　学習も学びも英語では learning である。学習は心理学では古典的な定義として「経験による，比較的永続的な行動変容」とされる。ある行動A（たとえば2つのお皿にそれぞれ3個ずつ柿が載っていて，それの全体の数を数える際に，ひとつずつ計数していく）をとっている子どもが，「かけ算」というやり方を教わってからはそれを「3このかたまりが2つあるから6こ」という行動Bに変容した場合，経験（かけ算の練習）によって行動Aが行

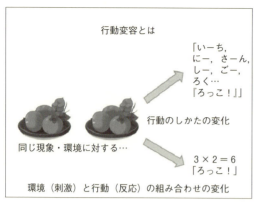

図1-1　学習の基本構造

動Bに変容した（図1-1）ので，かけ算を学習した，とされる。この行動変容は，同じ現象・環境・刺激に対しての行動のしかたが変わったことであり，最も低次のレベルでは条件づけによって変容したもの，とみなすこともできる。

この学習の定義では，結果として学習主体の行動が変容したことのみが重要であり，学習者自身がなぜそういう行動に変容させたいのか，とか，行動Bの方がより価値や有効性が高いかどうかは一切問わない。極端な場合，やる気満々の行動Aが，つまらない経験の繰り返しによってやる気が喪失した無力感いっぱいの行動Bに代わった場合でも「学習した」と呼ぶ。

## (2) 学び

一方で，同じ行動の変容でも，学び手のアイデンティティ形成を一義的な目標とした，学び手自身の主体的な営みを，上記の学習とは一線を画す，という意味で「学び」，と呼ぶこととする（田中 1996）。松下（2010）はこうした，目標を必要とする学習，という側面に加えて，一定の環境の中で生態学的に生きていくことそのものを更新していく側面も学びと捉えている。学びとは何か，ということに関しては佐伯胖の秀逸な論考（佐伯 1975；1993a；1993b；1995；1999；2004）に尽きる。また，今井（2010）の哲学からの考察，福島（2010）のミクロの学習論とマクロの社会理論の懸け橋としての学びの論も大変面白いものである。

基本的に，「学習から学びへ」のシフトは，現在では教授・学習観のパラダイムシフト等さまざまな表現がなされるが，きわめて本質的な流れである（田中ほか 2004；田中・佐伯・佐藤 2005）。アクティブラーニングが喧伝されるのもこの流れの中では少しも不思議なことではない。

## 2　学習観，教授・指導観

　こうした学びを主体とした教育においては，学び手である児童・生徒・学生の持っている，学習や学びの方法についてこうすればうまくいくという学習観と，教える立場にある教師の持っている，こうやって教えればうまくいくとするある種の教授・指導観が重要な役割を果たす。

### (1) 個人レベルでの学習観

　梶田（1986）は，学習者あるいは教師や教師予備軍・指導者の持っているこうした，各自の経験に裏打ちされた学習観や教授・指導観を，「PLATT」という概念で捉えることを提唱した。Personal Learning And Teaching Theory，すなわち，学習者や教授者・指導者個人の持っている学習法や教え方・指導法についてのセオリー（理論とまではいかない，個人的な信念）である。これは，個人レベルで持っている学習論（Personal Learning Theory：PLT）と，個人レベルの指導論（Personal Teaching Theory：PTT）で構成される。

　梶田らの一連の研究の中で，普段の中学生の勉強法を問う質問から，梶田ほか（1986）は，「着実に努力する」「着実に手順を踏む」「計画性をもって勉強する」「安易なところから手を付ける」「集中する」という5つの要因で中学生の学習観が形成されていることを明らかにしている。梶田ほか（1987）は高校生については科目別に分けて研究を行ない，表1-1のような結果が

表1-1　高校生の教科別学習スタイル

| 英語 | | | 数学 | | | 国語 | | |
|---|---|---|---|---|---|---|---|---|
| カテゴリー | スタイルA | スタイルB | カテゴリー | スタイルA | スタイルB | カテゴリー | スタイルA | スタイルB |
| 授業の姿勢 | とことん | ほどほど | 理解スタイル | 過程重視 | 結果重視 | 授業姿勢 | 積極参加 | 受け身 |
| 予習の深度 | 深く | さっと | 解決過程 | 堅実 | 適当 | 学習スタイル | 努力堅持 | 省力集中 |
| 解決スタイル | 自力で | 辞書・ガイド・他人に | 解決スタイル | 自力で | 答えを見て | 疑問への取り組み | 解決 | 放置 |
| 学習計画 | 計画的 | 臨機応変 | 学習計画 | 計画的 | 臨機応変 | 伝達スタイル | 活字伝達 | 音声伝達 |
| 学習要領 | 実をとる | 整理する | ノートの取り方 | 完璧に | 要点のみ | 習得方法 | 自力で内容理解 | 他者依存暗記 |
| 音声への関心 | 積極 | 消極 | | | | 言語活動 | 感覚志向 | 活字志向 |
| 習得スタイル | 速攻 | 確実 | | | | 古典学習 | 積極予習 | 消極予習 |

（出所）梶田ら（1987）を田中がまとめ・改編。

得られた。

　各教科ともに，左が学習法について得られた因子の名称，その隣が対立するそれぞれのスタイルである。

## (2) 信念としての学習観

　上記の梶田らの研究における学習観は，実際に行なっている「行動」レベルの質問から構成されたものであるが，本来の学習観は，「学習はどのようにして起こるのか，どうしたら学習は効率的に進むのか」という学習成立に関する「信念」である必要がある（植木 2002）。そうした観点から行なわれた，学習観を測定する尺度構成の研究で，高校生は次のような観点で学習を捉えていることがわかった。

　ひとつは，学習のためには，塾や家庭教師，上手な先生等の環境がそろっていることが重要だとする，環境志向の要因である。2つ目には，学習が効率的に進むには勉強のやり方がうまいとか要領がいいといった学習のしかた・方略が重要だとする，学習方略志向の要因である。さらにもうひとつは，コツコツと時間をかけて勉強すること，という学習量志向の要因である。いい環境でうまく，たくさん勉強する，といった，きわめて常識的な学習観の軸が得られた。

　また，鈴木（2016）は，学習の「目的」として，結局学習は世界の意味理解のために行なうのか，暗記し再生することを目的に行なうのかということを測定する尺度を構成している。この暗記再生志向と意味理解志向は実は「学習」志向か「学び」志向かを測定するものであり，本章での，以下の「知識観」とも大いに関連を持つものである。

## (3) 個人レベルでの指導観

　個人レベルでの指導論については，石田ほか（1986）が，小中学校の算数・数学担当教師の持っている指導方法についての調査からその概要を明らかにしている。得られた因子は，授業ペース（子ども中心－教師中心），問題解決時思考ペース（子ども中心発見－教師中心説明），教材（教科書－他と併用），家庭学習（指示－任せ），授業スタイル（定型－流動），同僚関係（相談－自力）であった。

　同じ算数・数学でも，小学校と中学校では，図1-2，図1-3のように，

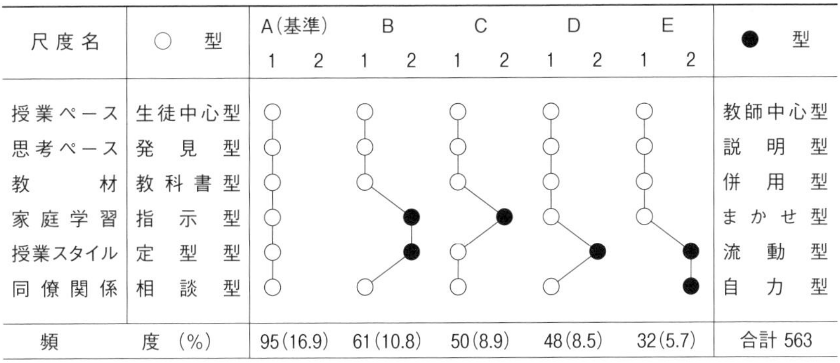

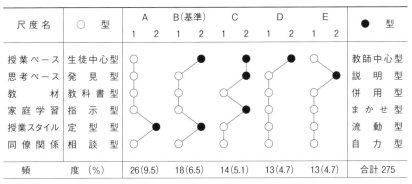

（出所） 石田・伊藤・梶田（1986）Fig.2 より。

図 1－2 算数・数学の指導法（小学校）

（出所） 石田・伊藤・梶田（1986）Fig.4 より。

図 1－3 算数・数学の指導法（中学校）

どちらをどのくらい重視するかについてのパターンの頻度は異なっていた。

### (4) 大学教員の個人レベルでの指導観と FD

こうした，個人レベルで形成されてきた学習論や指導論は，実は，「教えること・学ぶこと」を考えていく際には避けて通ることのできないものである。それが形成されてきた軌跡をトラジェクトリーという言い方をすれば，こうした，個人的トラジェクトリーを経て形成された「信念」はかなり頑健なものであり，その変更を迫ることには困難が伴うことが多い。

教師予備軍である教職課程で学ぶ学生たちも，当然，初等・中等教育段階で受けてきた教育の経験をもとに個人レベルのこうした PLT，PTT は持っ

ているものであるが，教師の養成課程ではそれはないものとして，教職課程という「制度」で，「正しい」教授観・学習観を持たせようと試みる。制度的トラジェクトリーが個人的トラジェクトリーを凌駕することを期待している構造である。

　教職課程という一定の「制度」を経験して教員になった者は，こうした，両トラジェクトリー間の葛藤を経験し，比較的健全な方向での落着を見る可能性が高いが，高等教育の教員（大部分は大学の教員）は，必ずしもそうはいかない。

　学部生・院生時代はひたすら自分の研究に没頭し，学位も取得し，研究方法・研究力量に関してはまったく問題ないレベルに達している（PLTは持っている）が，学生たちを「教える」段になると，まったくその経験を持たない（PTTすら持たない）。大学教育での質保証が求められる現在において，自分が受けたかつての授業の担当教員のまねをする程度では，個人レベルでの指導「論」（PTT）にも至っていないことが多い。

　そこで，大学においては，教育者としての教員（教授・准教授・助教・特任や特命教授，非常勤教員等）の質を担保するため，FD（Faculty Development：教員の資質能力開発）が本気で考えられるようになってきた。現在では，FDの取り組みは義務化されており，本書第3, 4章では，そうした高等教育段階での取り組みが詳しく紹介されている。

　初等・中等教育と高等教育は，これまではまったくの別物，という形で扱われてきたが，こと「教育」については，それぞれがお互いの利点を吸収し，まずい点は指摘・改善していくという姿勢を持つことが望まれる。

## 3　知識観

　学習観，教授・指導観いずれも，それが扱うのは「知識」である。知識を創生したり，構成したり，伝達したり，有効活用したりする際の，受益者あるいは発信者の側面に焦点を当てたものが学習観であったり教授観・指導観であったりする。ここでは，そうしてキャッチボールされている「知識」そのものがどのように構成・運用されるのか，という知識観について見ていこう。

　どのような場合においても，学習者である人間が，「世界」とどのように

関わっているか，という基本的世界観・モデルは重要であり，まずそれを明示し，その後それぞれの知識観を見ていくこととする。

### (1) 行動主義的知識観

行動主義的な世界観においては，学習者は環境からの刺激に対して反応する主体であり（図1-4），その刺激と反応間のつながりの学習がそのまま知識になる，と考える。

刺激に対して反応的に応ずるレスポンデント行動であったり，行動することが環境を変化させ，その環境変化の手段としてのオペラント行動であったりする。いずれにしても，学習者と環境の間には，その関係性の変化が生じ，それを比較的永続的に維持したものが知識となる。条件づけの結果としての知識，である。図1-1に示したような，同じ現象に対しての行動のしかたの変化（計数から掛け算使用への変化）が知識獲得の指標となる。

図1-4　行動主義的世界観

知識は，適切な刺激－反応間の関係性として獲得される。それが行動レベルのものであっても，言語レベルのものであってもいい。いずれの場合も，反復練習による，その関係性の強化が知識の強靭さの指標となる。問い（環境側の刺激）に対する素早く正確な回答（学習者側の反応），あるいは，こういう行動をすれば環境はこう変わるという理解の自動化がその知識の利用可能性を保証している。

### (2) シンボルシステムとしての知識観

学習者と物理的環境との間に，そのバッファーあるいは媒介システムとしての認知システムを想定したものがシンボルシステム的な世界観である（図1-5）。学習者は常に個人の持っている認知システムを介して物理的環境と接する。ここでいう物理的環境は，まさにモノの世界としての物質的環境と，

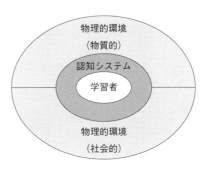

図1-5　シンボルシステム的世界観

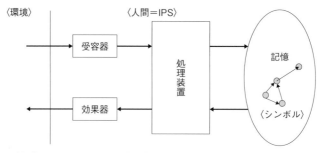

（出所） Newell and Simon（1972）を田中が邦訳。
図1-6　情報処理システムとしての人間観

人との関わりを含む社会的環境の両者を含むものである。
　学習者の持つ認知システムは，基本的には，環境の情報をいかに処理していくか，という情報処理システムである（ニューウェル／サイモン 1972）。人間は，外部の情報を取り込み，処理し，それをシンボル化して蓄え（これが知識）必要に応じてそれを出力していく，そういうシステムとして存在する，と考える。
　図1-6がそうした，情報処理システム（Information Processing System：IPS）としての認知システムの基本的なモデルである。
　ここでの「処理装置」「記憶」部分が詳細にモデル化され，認知心理学や認知科学では，思考や問題解決の領域としておびただしい数の研究が行なわれている（田中 2014 参照）。
　ここで最も重要なのは，知識は現象が表象されてシンボル化され，そのシンボルを自由自在に操れるのが知識活用のエキスパートである，という考え方である。ピアジェはこうした段階を形式的操作期と呼び，知能の発達段階の到達点，としている。ここで言う「形式的」とは，その操作対象は特定の文法（シンタックス）に埋め込まれているので，その文法に則っていさえすればどのような状況においてもその操作は可能である，ということを意味している。操作の脱文脈化と言い換えることもできる。
　シンボルシステムとしての知識という考え方は，このように，特定のシンボルとそのシンボルが埋め込まれている構造（シンボル構造）を理解することが知識の基本であり，それらによって知識は具体的な文脈から離脱していくらでも拡大できる，という考え方である。ここから知識は転移する，とい

う考え方が生まれてくる。

たとえば図1-1の下の操作，すなわち，3×2＝6という掛け算の操作は，図では「3個の柿が皿に載っており，その皿が2枚あるとき，合わせていくつかを導き出す」操作，ということになるが，これは，皿に載った柿(特定の文脈)のみにあてはめられるものではない(脱文脈化)。1部屋に3人いる部屋が2つあるときの人数の合計，3万円が入った財布が2つあるときの合計金額，いずれにもこの操作が可能(転移)である。

これが可能であるのは，用いられているシンボルとしての3,×,2,＝,6という個々の部品が，算術あるいは掛け算という文法(シンタックス)の中でその振る舞い方が一義的に決められているからである。このように，シンボルシステムとしての知識は，一定の約束事の中で一義的に動き方が規定されている明確なシンボルを用いなければならない。

シンボルとは，こうした，意味のあるパターンのことを意味し，意味をなさないドットの集まりはシンボルではない。

シンボルシステムとしての知識観が働くところでは，学習者はまず個々のシンボルを学習することが要求され，それを学習するといかに多くの領域でそれが使用可能であるかということを併せて学習していく。日本の子どもたちが最初に英語を学習するときの様子がその典型である。田中(2002)は，こうした知識観が本当に意味ある教育を生み出すためには，シンボルを獲得するまでにさまざまな知識表象を経験することが重要であることを述べている(第5章**4**の(2)参照)。

シンボルシステムとしての知識観では，知識は学習者の「頭の中」の認知システム内の記憶倉庫(多くは長期記憶庫)に，宣言的知識あるいは手続き的知識の形で蓄えられる，と想定されている。

### (3) 状況論的知識観

頭の中の知識，というシンボルシステム的な知識観と異なって，状況論的な知識観では，知識は，学習者が学んでその一員になろうとしているその社会的文化的状況そのものの中に存在する，と考える。学習者である「私」の周りの物理的環境は，単なる環境ではなく，それらを取り巻く社会的・文化的状況が学習すべき対象についてのすべての学習資源(リソース)を内包している，と考える(図1-7)。したがって，シンボルシステムとしての知識

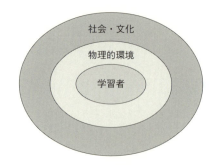

図1-7　状況論的世界観

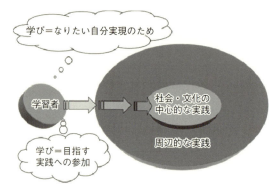

図1-8　正統的周辺参加論

を頭の中にため込むことではなく，あこがれる社会的・文化的実践共同体の中に参加していくことそのものが学習（知識・技能獲得）であると考える。

この典型例が，正統的周辺参加（Legitimate Peripheral Participation：LPP）としての学びの考え方（レイブ／ヴェンガー1991）である（図1-8）。

学習者としての「私」は，自分が何者になるか，当初から自分のアイデンティティに問い合わせながらスタートする。まずは，自分が大切だと心から思う社会的・文化的な実践あるいはその実践共同体が何であるのかを確認する。その共同体の正統性を認めることであり，言い換えれば，その共同体の実践の本物らしさ（オーセンティシティ）を認めることである。そこから，その共同体への強い参加の意思が生まれてくる。

しかしながら，一般的に，現在の自分と，自分がなりたい・なろうと思っている自分（その共同体での中心的な活動をしている人たち）との落差は大きく，いきなりそこに参加することは到底できない。一流の料理人になろうと思っている自分が，あこがれのそのシェフと同じようなことが「今」できるはずはない。

ただ，そのシェフが行なっている，切ったり煮たり盛り付けたりという，中心的な仕事を支えている周辺的な仕事は，今の自分でもできなくはない。たとえば，お皿を洗ったり拭いたりといった仕事である。こうした周辺的な仕事が，シェフの中心的な仕事をしっかり支えているという認識を強く持ち，

自ら望んでそうした周辺的な仕事をする。

こうして，現在の自分でも参加可能な周辺的な実践に参加しつつ，徐々に中心に近づいていくことそのものが「学び」であると考える。ここでは，シンボルシステム的な，言葉での教示や提示は必ずしも必要としない。参加することそのものがその実践共同体のさまざまな学習資源にアクセスしていることになり，目指す実践への参加・目指す自分を形成している実感そのものが学びとなっている。

こうした学びは，学び手の，状況への主体的アクセスで保証されるものであるが，佐伯（1993a）はこれを「学びのドーナッツ論」という形で，教育的アプローチへの示唆を提案している（図1-9）。

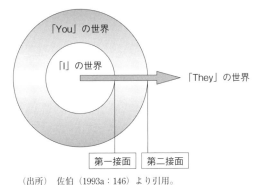

(出所) 佐伯 (1993a：146) より引用。

図1-9 学びのドーナッツ論

図1-8における「学習者」が私すなわち「I」の世界である。また，「社会・文化の中心的な実践」が，私がなりたいと思っている彼方の世界すなわち「They」という，今の自分からすれば少しよそよそしい世界である。図1-8での「周辺的な実践」がIの世界とTheyの世界をとりもつ，媒介的な「You」の世界になる。このYouの世界は，Iの世界とも，Theyの世界とも「面」でつながっている。佐伯はこれを接面という形で表現している。周辺的な実践は，現在の私とも，私があこがれている彼方の世界ともつながっている，ということで，このYouの世界を介して目標とするTheyの世界に入り込むことができる。Youの世界が人的資源であればそれは「教師」の持つべき資質の2側面（生徒とも，生徒が到達しようとしている彼方の世界とも打ち解けていること）を示しているし，教材・教具等物的資源であればそれは，わかりやすくもあり（たとえばイラスト・漫画表現），しかし正確でもある（Theyの世界を余すことなく垣間見させる内容）ことを要求している。ここでの人的資源は教師である必要性はなく，ちょっと先輩（田中・山田 2015；田中・岩崎 2012）であったり，同年齢・学年のピア（プリチャード／

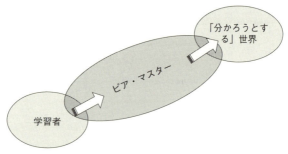

(出所) Pritchard and Woolard (2010) より田中が作成。

図1-10 Youとしてのピア

ウーラード 2010)であったりし得る（図1-10）。これらを介して知識が社会的に構成される実感を持つものである。

ここでは，知識は実践共同体が埋め込まれている状況（人的・物的資源を含む）そのものの中にあり，そこに参加することそのものが知識の獲得につながっている。したがって，そこでの知識は必ずしも汎用性・転移可能性を持っているものではないが，その実践を振り返っていくことで一定の汎用性を確保することも可能である（第8章参照）。

### (4) 経験学習としての知識観

ここでは，学習者の，物理的環境との直接的な経験を重視し，知識はそこから獲得される，と想定する。その意味では，本章3の(1)の行動主義的知識観の想定する世界に近いが，経験から知識表象が形成されていくという意味で，経験のサイクルを想定している点が決定的に異なっている（図1-11）。

コルブ（1984）は，一口に経験と言ったときにも実は2レベルの経験がある，と想定する。ひとつは具体的な活動レベルの経験で，環境との直接的な関わりを示す具体的経験であり，もうひとつは，思考・読書等の抽象的経験である。さらに活動レベルでは，見るだけ・眺めるだけという観察経験と，実際にやってみる・試してみるという実験の経験がある。こうして，具体－抽象の軸と観察－実験の軸がクロスして活動レベルの経験が分類される。

一方で，経験には思考レベルの経験もある。この思考レベルの深さによって，経験するだけなのかそれを概念化するのかという軸と，活動するだけなのかそれを反省（振り返り）するのか，という軸がある。

これら活動レベルと思考レベルの経験を組み合わせたのが図1-12である。ここから，経験は，具体的経験と抽象的概念化，反省的観察と活動的実験の4種類に分類できることがわかる。

第2章図2-4にある，「重さの恒常性」の知識を獲得する例で考えてみよう。

具体的経験では，実際にいろいろな格好をして体重計に乗り，その重さの目盛りがどうなっているかを観察する。何度も観察を繰り返すという意味で，反省的観察を行なっている。次にここから，何が言えそうか，その物理的環境から離れて，経験を抽象化し，概念化してみる。「……ではないか？」「きっと……だろう」という「仮説」が生じ

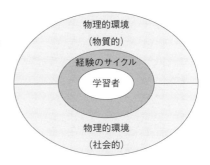

図1-11　経験学習論的世界観

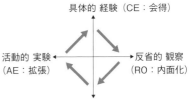

（出所）　Kolb(1984) Fig.3-1 より田中が作成。

図1-12　経験のサイクル

る。次にそれを，実際にそうかどうか，試してみる。活動的実験である。さらにそれを踏まえて，一歩進んだ具体的経験（姿勢では重さは変わらないことを知った上での体重計に乗るという経験）を行なう。

これを日常的な「経験」の表現で表わせば次のように言えるであろう。まずは「やってみる（具体的経験）」。次にそれを「もっとやってみる・する（反省的観察）」。それらの経験から「わかったような気になる（抽象的概念化）」。でも，ほんとかな，ということで「試してみる（活動的実験）」。そうして，「もう一度やってみる（具体的経験2）」。こうして，同じ地平での経験ではなく，らせん状に経験が変化しそれに伴って知識も変化していくことが期待されている。

こうして経験は繰り返され，そのサイクルの中で獲得された知識はより強固なものになっていく。その意味で，この経験のサイクルを経過することは知識獲得にとってきわめて重要な媒介項となっている。

経験は，必ずしも具体的経験からスタートする必要はなく，たとえば，教室で，新しく学ぶ概念（税金のしくみ）を，教科書レベルで学んだとしよう。

これは活動レベルでは抽象的経験であり，思考レベルではいきなり概念化されたものを突き付けられたことになる。すなわち，抽象的概念化の経験からスタートすることになる。教科書での「わかったような気になる・仮の理解」の経験である。田中（2002）のレベル3の知識（第5章4 (2) 参照）にあたる。これを実際どうなのか，試してみて（活動的実験）その具体的経験に向かう（お家で納税の書類を見せてもらう等具体的経験）。こうした知識獲得の道も考えられるのである。

### (5) 活動システムとしての知識観

ここでは，学習者と物理的環境との間に「活動システム」という媒介項を想定する。人間は，意識するにせよしないにせよすべてこうした活動システムを介して活動している，と想定する（図1-13）。

たとえば，上記の「税金のしくみ」を教科書で学ぶ場合，基本的にその構造は，学習者である「私」が，「税金のしくみ」という対象を，「教科書」という道具を媒介して「理解する」という結果を生み出す，という三角形の構造になっている。心理学的関心としては，その学習者の特性，学習対象の特徴，教科書での学習のしかたを悉皆的に調べ上げれば，この学習者の学習行動は完全に理解できる，という構造である。

エンゲストローム（1987）の活動理論では，こうした表層面での行動の背景にある構造に焦点を当てる。

まず，学習者である私が，教科書という道具を通して税金のしくみという対象を理解するという成果を出すことを，「生産」の活動とみなす。図1-14の，上の三角形部分である。活動理論では，その生産活動を支えている他のさまざまな重要な側面に焦点を当てる。

まず第1に，学習者と対象の間には教科書という道具を用いてその理解を「生産」するという側面があるが，同時に，学習者と学習対象である税金のしくみという単元は，学校・教室という共同体の中に埋め込まれており，単元の内容理解が成り立つためにはたとえば50分の授業時間を使う，という

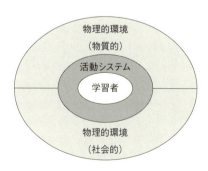

図1-13 活動システム的世界観

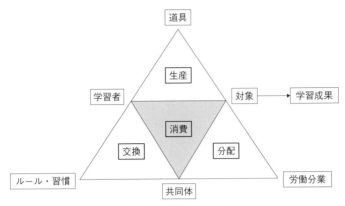

（出所） Engeström（1987）図2・6より田中が改変。
図1-14　活動システム

「消費」が伴っている。また，学習者と共同体である教室（クラス）には，学校・教室であるがゆえの一定のルールがあり，学習者は好き勝手な行動がとれるわけではない。そこでは学習者の一定の行動志向をルールに沿って変更・「交換」する必要性が生じている。また，対象（学習内容）と教室という共同体の関係は，学習内容の理解に向けての役割の分担が含まれており，それによって資源の「分配」というサブシステムを作り上げている。

　生産のサブシステムは，人間の目的志向的活動にとっては最もわかりやすい部分で，いきおい心理学的研究ではそこにとどまってしまうものであるが，それを何が支えているのか，という観点を取り入れれば，こうした，活動システム的な知見を考慮する必然性も見えてくる。知識はこうした活動システムの所産として生まれるものであり，こうした活動システム間の連携で伝達・加工されていくものであることが明確に理解される。

　以上の5つの知識観に加え，個人レベルの知識観とも言うべき，個人の認識論（Personal Epistemology）の研究も，知識そのものの構成・運用がどのようになっているのかを探るには重要な視点である（Hofer and Pintrich 2002; Bråten 2010）。

■参考文献

Bråten, I. 2010 "Personal Epistemology in Education," V.G. Aukrust（ed.）*Learn-*

*ing and Cognition in Education*, Elsevier Ltd, pp.52-58.

Engeström, Y. 1987 *Learning by Expanding : An activity-theoretical approach to developmental research*, Helsinki. (ユーリア・エンゲストローム 1999『拡張による学習――活動理論からのアプローチ』山住勝広ほか訳，新曜社)

福島真人 2010「学習の実験的領域――学習の社会理論のための覚書」佐伯胖監修・渡部信一編『「学び」の認知科学事典』大修館書店．pp.95-108.

Hofer, B. K. and P. R. Pintrich (eds.) 2002 *Personal Epistemology : The Psychology of Belief about Knowledge and Knowing*, Erlbaum.

今井康雄 2010「「学び」に関する哲学的考察の系譜」佐伯胖監修・渡部信一編『「学び」の認知科学事典』大修館書店．pp.39-61.

石田勢津子・伊藤篤・梶田正巳 1986「小・中学校教師の指導行動の分析――算数・数学における教師の「個人レベルの指導論」」『名古屋大学教育学部紀要（教育心理学科）』34，230-238.

梶田正巳 1986『授業を支える学習指導論――PLATT』金子書房．

梶田正巳ほか 1986「中学生の学習の仕方――「個人レベルの学習論（PLT）」からの接近」『名古屋大学教育学部紀要（教育心理学科）』33，133-155.

梶田正巳ほか 1987「高校生の学習様式――英語・数学・国語の「Personal Learning Theory」」『名古屋大学教育学部紀要（教育心理学科）』34，131-171.

Kolb, D. A. 1984 *Experiential Learning : Experience as The Source of Learning and Development*, Prentice Hall.

Lave, J. and E. Wenger 1991 *Situated Learning : Legitimate Peripheral Participation*, Cambridge University Press. (J. レイヴ／E. ウェンガー 1993『状況に埋め込まれた学習――正統的周辺参加』佐伯胖訳，産業図書)

松下良平 2010「学ぶことの二つの系譜」佐伯胖監修・渡部信一編『「学び」の認知科学事典』大修館書店，pp.21-38.

Newell, A. and H. A. Simon 1972 *Human Problem Solving*, Prentice Hall.

Pritchard, A. and J. Woollard 2010 *Psychology for the Classroom : Constructivism and Social Learning*, Routledge. (A. プリチャード／J. ウーラード 2017『アクティブラーニングのための心理学――教室実践を支える構成主義と社会的学習理論』田中俊也訳，北大路書房)

佐伯胖 1975『「学び」の構造』東洋館出版社．

佐伯胖 1993a「人間をとりもどす教育」佐伯胖・佐藤学・苅宿俊文・NHK取材班『教室にやってきた未来――コンピュータ学習実践記録』NHK出版．pp.128-155.

佐伯胖 1993b「訳者あとがき――LPPと教育の間で」佐伯胖訳『状況に埋め込まれた学習――正統的周辺参加』産業図書．

佐伯胖 1995『「学ぶ」ということの意味』岩波書店．

佐伯胖 1999『マルチメディアと教育――知識と情報，学びと教え』太郎次郎社．

佐伯胖 2004「「学ぶ」とはどういうことだろうか」河合隼雄ほか『学ぶ力』岩波書店，pp.129-150.

鈴木豪 2016「小学校高学年における学習観と算数の課題解決との関連」『教育心理学研究』64，327-339.

田中俊也編著 1996『コンピュータがひらく豊かな教育——情報化時代の教育環境と教師』北大路書房.

田中俊也 2002「「教える」知識・「学ぶ」知識——知識表象の4つのレベル」『教育科学セミナリー』33，43-52.

田中俊也ほか 2004「学習から学びへ——ごまかし勉強とAuthenticな学び」『日本心理学会第68回大会発表論文集』S4.

田中俊也・佐伯胖・佐藤学 2005「学び・遊びと教育」『教育科学セミナリー』36，109-119.

田中俊也・岩崎千晶 2012「学びをサポートする学生，院生の教育力の活用」『関西大学高等教育研究』3，1-11.

田中俊也 2014「モデルを使ってしくみを探る——モデル論的アプローチ」大野木裕明・渡辺直登編著『改訂新版 心理学研究法』放送大学教育振興会，pp.52-66.

田中俊也・山田嘉徳 2015『大学で学ぶということ——ゼミを通した学びのリエゾン』ナカニシヤ出版.

植木理恵 2002「高校生の学習観の構造」『教育心理学研究』50，301-310.

# 第 2 章
# 教えることの工夫と技術

　「教える」と聞くと，どのようなことを思い浮かべるだろうか。『大辞林』(2006)には，「①知識や技芸を伝えて，身につけさせる。教授する，②相手のために自分の知っていることを告げる」と書かれている。また，教えることに関連した言葉として，教授・学習過程という言葉がある。『教育学用語辞典』(2006)によると，教授・学習活動とは「教員が教える活動と児童生徒が学ぶ活動とが，相互にかかわり合いながら育む一連の活動」と記されている。なお，児童生徒という表記については，対象となる学習者によって適宜，「幼児」「児童」「生徒」「学生」などと表記される場合があるが，本書では一括して「学習者」とする。

　教えるというと，教師（教える側）が学習者（学ぶ側）に何かを伝える，あるいは身につけさせるといった点にのみ目が向きがちだが，今後はアクティブ・ラーニングをはじめ，学習者が自ら学ぶ，あるいは学習者同士で学びを深めるといったことが重視される。したがって，教える側に立つ者としては，学習者にただ一方的に学習内容を伝える技術を学ぶだけでなく，学習者自身が学ぶ力を高めること，あるいはそのために必要なしかけについて十分考えておかなければならない。この点については以下の第3章，第4章で詳しく述べる。本章ではまず，教える側の，「指導」の立場からのさまざまな工夫や技術について紹介する。

## 1　一斉指導

　まず，幼稚園から高等学校までの1クラス（たとえば40人程度の1学級），あるいは大学での大人数クラスなどでこれまでよく取り組まれたのは，講義

法を用いた一斉指導である。『学校教育辞典』(2014) によると，講義法とは「教師の言葉による説明を学習者に対して一方的に伝えようとする方法」であると記されている。これまで受けてきた授業の中でこの方法が多く使われてきたことに気づくであろう。古くは古代ギリシャ・ローマの頃から取り入れられたとも言われている方法である。講義法では一斉指導が行なわれている場合が多い。『新版教育小辞典』(2011) によると，一斉指導とは，「学級に編成された多数の学習者を，1人の教師が同じ教材，同じスピードで，同時に指導する授業の形態」のことをいう。もともとは19世紀にイギリスで開発され，経済的，能率的な方法であったため，すべての国民を対象に教育を行なうようになった近代の学校の基本的な授業形態として取り入れられるようになった。

こうした講義による一斉指導を行なうメリットとしては，①不特定多数の学習者を前に，教師側が教育内容をひとつのまとまった話として学習者に提供できること，②同じ時間に，同じ内容を不特定多数の学習者に伝えられることが挙げられる。しかし一方で，③学習者一人ひとりの学習到達度には大きくばらつきが出ること，④もともと持っている学力や興味関心などがそれぞれに異なる可能性があるため，学習者によってその講義を受けることがメリットになる場合とデメリットになる場合があることには注意しておかなければならない。

ところで，このような場面で学習者はどのような学習を行なっているだろうか。ある学習者は教師の話の中で大事な部分を適宜ノートにメモするかもしれないし，別の学習者は，教師が板書したことをそのまま書き写すという方法をとるかもしれない。あるいは，教師の話のどの部分が大切であるかを理解できず，一方的に教師の話に耳を傾けるだけになるかもしれない。このように，学習者側がどのような学習方法をとっているかはばらつきがあるが，どのような方法をとることが効果的であると考えられてきたのだろうか。こうした一斉指導での工夫について，3点紹介する。

## (1) 有意味受容学習

突然であるが，次の問題に挑戦してほしい。

図2-1に四角形（この場合は長方形）があるが，四角形の内角の和は何度になるだろうか。皆さんおそらく，360度であると答えられたと思う。

図2-1　四角形

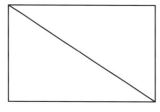

図2-2　補助線を引いた四角形

ところで，なぜ皆さんは360度と答えられたのだろうか。多くの場合，「小学校の算数（中学校の数学）で，「四角形の内角の和は360度」と習ったから」と答えるであろう。

このように，問題解決を図る際，自らの長期記憶中の情報を検索し，それを引き出すことで答えを導くという方法があるが，この方法はあくまでも，問題解決のひとつの方法にすぎない。もし皆さんが「四角形の内角の和は360度」という情報を知らなかった（あるいは長期記憶中に保持していなかった）とすれば，どのような方法をとるだろうか。ここで少し視点を変え，皆さんが教師になったと仮定する。目の前にいる学習者は三角形に関する情報（たとえば，三角形の内角の和は180度）は持っているが，四角形に関する情報は何ら持ち合わせていないとしよう。そのような状況で今，教室の黒板に図2-1のような四角形を描き，図2-2のように，四角形の中に1本の補助線を引いてみせたとしよう。その上で，学習者に対して下記のような話をするとどうだろうか。

「（図2-2のように）四角形に1本の線を引いてみると，三角形が2つできました。三角形の内角の和は180度でしたね。内角の和が180度の三角形が2つあるので，四角形の場合，内角の和は360度になります」。

学習者にとっては，このような話をされることで，四角形の内角の和（360度）をただ機械的に暗記するのではなく，自らが知っていることと関連づけて理解することが可能になる。加えて，理解するのにあまり困難を伴わないであろう。こうして，すでに持っている知識（既有知識）など，物事を理解するために自分が持っている何らかの枠組み（認知構造）に関連づけて新しい内容を理解するという学習の方法を有意味受容学習という。有意味受容学習はオーズベル（D. P. Ausubel）が提唱した。オーズベルは学習について，「受容学習－発見学習」「機械的学習－有意味学習」の2つの次元に分けた（オーズベル／ロビンソン　1969）。各々の用語の解説は表2-1を参照してほしい。その中で，有意味受容学習こそが，授業や学習に時間がかかりすぎず，

表2-1　各々の用語の解説

| 受容学習 | 学習者が習得すべき知識を教師が直接伝達し，幼児児童生徒や学生はこれを受け身で受けるタイプの学習 |
|---|---|
| 発見学習 | 学習事項を学習者自らが発見するというタイプの学習 |
| 機械学習 | 学習事項を意味も考えずに暗記するといったタイプの学習 |
| 有意味学習 | 学習事項を，学習者がすでに持っている知識とうまく関連づけるなどして習得するといったタイプの学習 |

また，学習者にとって知識の習得が容易であり，かつ記憶の保持も良くなることを説いている。

　有意味受容学習においては，オーガナイザーの役割が大切である。オーガナイザーとは，既有知識などと関連づける役割を果たす情報のことであるが，中でも，学習に先立って提示されるものを先行オーガナイザーという。川上・渡邊・松本（2009）は小学校高学年の理科における有意味受容学習の効果について検討した。その中で，小学校6年生の「水よう液の性質」に関する学習の際，水よう液の区別に関する単元の最初に，児童たちに対して「水よう液は，酸性，中性，アルカリ性の3つに分けることができる」という先行オーガナイザーを与えた。その上で，授業中の実験などを通じて，水よう液が酸性，中性，アルカリ性の3つに分けられることを検証した。授業終了後，授業の理解度に関するアンケート，および内容理解度合いを測るテストを行なったところ，授業の理解度に関してはクラス全員が「よくわかった」「わかった」と答えたのである。それに加え，授業の1週間後に行なった事後テストでの正答率が事前よりも高くなった。また，事後テストの2週間後に行なった保持テストでも，事後テストの成績と比べてほとんど変化が見られなかった。

　川上らの実践は有意味受容学習の効果を検証することを目的としていたが，授業に参加していた6年生は，学習内容を自分の認知構造に関連づけて処理したものと思われる。アンケートやテスト結果を見る限りでは，有意味受容学習が実験に参加した6年生にとっては有効であったと言えよう。なお，有意味受容学習についてはこれ以外にも，新たに学習すべき量が少ない，学習所要時間や記憶負担も少ない，などのメリットがあると言われている（『学校教育辞典』2014）。しかし，学習者自身に，学習内容と関連しているであろう認知構造に関連づけてこれらを理解するための準備状態（レディネス）ができている必要があるなど，いくつかの条件が必要であることにも注意して

おかなければならない。また，有意味受容学習は，学習事項をいわば効果的に習得するという点では優れた方法かもしれないが，学習者の学習や授業に対する能動性を高められるかと言えば，そうは言えない場合もある。

## (2) 大福帳

一斉指導の中でも，学習者が授業や学習そのものに自ら関与する度合いを高める方法はないのだろうか。そのひとつとして，大福帳を取り上げる。

大福帳とは，織田揮準が考案・作成した，学生と教員との間のコミュニケーションを活発にするためのツールのひとつである。佐藤 (2013) は向後 (2006) を参考に，大福帳（コミュニケーションシート）を作成し，大学での各授業回において，授業終了の10分程前から，授業に関すること，私生活に関することなど，何でもよいので，所定の用紙に必ず一言コメントを書いて担当教員に提出するよう求めた。提出された用紙には教員がコメント（返信）を書いた（コミュニケーションシートの詳細は**図2-3**を参照）。

このような実践を半期にわたって続けたところ，授業全体の満足度が向上

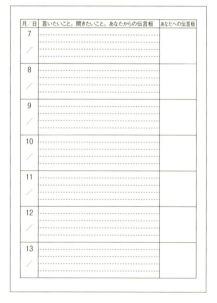

（出所）　佐藤 (2013)

図2-3　大福帳の一例

したことが明らかになった。また，当該授業のアンケートの結果について，学生が出席する意欲を高め，前向きに授業に取り組むことができるようになり，結果的に学生の興味関心，理解度，授業の満足度が向上したのではないかと述べている。

### (3) BRD（Brief Report of the Day；当日ブリーフレポート方式）

一斉指導の難点を克服するもうひとつの工夫として，宇田（2005）が提唱したBRDという学習指導の方法がある。授業においては，明確な到達目標や具体的な課題の設定が必要不可欠であるが，宇田は大学生を対象に，ほぼ毎回の授業において，90分間で1枚のレポートをしあげるよう，すべての受講生に求めた。これを当日ブリーフレポート方式（BRD）という（宇田 2005）。この方法では，授業の冒頭でレポートのテーマが与えられ，すぐに15分前後の構想時間に入るが，この間，学生は何が書けるかと思案することになる（テーマは当日の講義内容に直接関係したものである）。この後，講義が行なわれ，最後に再びレポート執筆のための15分ほどの時間がある。受講する学生は，90分後，レポートを完成して提出し，退室する自分の姿をイメージすることになる。これは90分後に向けて動機づけられるとも言える。また，レポート完成にはその基になる情報が必要であることから，講義に集中し，情報収集する必要性を生み出しているとも述べている。小貫（2014）は理学療法士養成課程の学生を対象とした教育実践の中でBRD方式を用いており，学生がこの方式の授業を肯定的に捉えていたこと，また，教える側としても，個々に学習意欲の喚起や間違いの修正が可能な点は従来型の一斉指導にない利点と言えること，講義形式の授業で取り入れても学生の動機づけを高められることをメリットとして挙げている。

## 2　学習者集団の特徴を踏まえた指導

指導の方法には，学習者集団の特徴を踏まえたものも見られる。たとえば，学習者の能力，到達度を踏まえた指導もそのひとつである。

### (1) 能力別指導

能力とは，物事を成しとげることのできる力のことを指す（『大辞林』2006）。

『学校教育辞典』(2014) によると，能力別指導とは，子どもの能力上の個人差に着目し，能力別の等質集団に分けて指導することを指す。たとえば，何らかの形で各々の生徒が持つ数学の能力を測定できたとして，測定結果を基に，ある中学校の1年生2クラスを数学の能力に応じて3クラスに編成し直し，各々のクラスで指導を行なう，というものである。全員を対象にした一斉指導の場合，能力が違う学習者（混合能力集団）を対象とすることから，主として平均的な学習者に焦点を当てることになり，結果として，能力の上位および下位の学習者にとっては学習上あまり適さない場合がある。そこで，たとえば知能指数や主要教科（英語，数学など）の総合成績を基にして能力別の学級編成を行ない，それぞれに応じた指導を行なうのをはじめ，教科・科目ごとに能力別学級編制を行なう，といったような方法をとるのである。このような方法により，各クラスの学習者の能力は，一斉指導の場合と比べると比較的固定されるため，その能力に応じた学習指導ができることになる。これは学習指導上大きなメリットであると捉える人もいるかもしれない。

しかし，集団にいる学習者の能力がほぼ一定の場合，異なった意見や考え方が出にくいというデメリットも指摘されている。また，そもそもの話として，学習者それぞれの各教科および教科内の各分野での得意不得意の度合は異なることから，何らかの形で各分野の学力を測るためのテストを行なったとすると，分野によって得点が異なることが予想される。このことを考えると，各教科の能力というものが果たして本当に存在すると考えても良いのか，ということ自体を問い直す必要があるのかもしれない。

### (2) 習熟度別指導

『学校教育辞典』(2014) では，習熟度別指導について以下のように説明している。まず，習熟について，ある知識や技能などが，すっかり身についた状態であると定義している。このような段階に至ると，知識や技能などは必要なときに自然に現われるだろうし，また，物事を正確に処理する力，新しい課題を乗りこえるための力として活用されることになるだろう。習熟度別指導については，『教育学用語辞典』(2006) で「少人数習熟度別学習」と表記されており，通常の学級よりも少ない人数で，児童生徒の到達度などによってクラスを分けてなされる学習であると定義されている。

習熟度別指導を行なうにあたっては，いくつかの点に留意しておく必要が

ある。

　まず習熟度とは，個々の知識や技能の習熟度の程度を示すものであるが，学習者各々へのきめ細かな指導を行なうことを通して，習熟度の伸長・発展を図り，変容を促すことが可能であるということを前提としている。そのため，それぞれの子どもの資質・能力を固定的なものと位置づける能力別指導とは区別しておく必要がある。なお，実際の指導においては，まんべんなく実施されるのではなく，国語，算数・数学，外国語などの教科において，特に習熟度の違いが大きく出やすい単元，その後の学習で重要な位置を占める基本的な重要単元において実施されるという。

　実際の指導を行なう際には，まず，それぞれの習熟の程度に対応した「指導計画，教材，指導法の工夫」が求められる。次に，その集団に指導を行なう際には，児童生徒全体に一方的に内容を伝えるだけでなく，「個に応じた指導」がなされなければならない。さらに，各グループと教師の指導力との組み合わせ（相性）をどうするかを考えておかなければならない。最も学習の困難なグループに，最も指導力の優れた教師が指導した場合，最も教育効果が高いという。これ以外にも，どのコースに所属するかについては，児童生徒自身の「自己決定」に委ねたとき，学習効果が高まることが指摘されている。ただし，自己決定の過程においては教師の助言が必要不可欠であることには注意が必要である。

　以上，能力別指導および習熟度別指導について説明してきたが，これらの方法によって学習指導を行なった場合，「教師」から「学習者」に内容を伝達する（あるいは，教師から学習者に働きかけて学習事項を習得させる）という方向性が生じる可能性が高い。そのため，学習者自身が自ら学習に関与していくことが可能な方法についても検討しておく必要があるだろう。

## 3　学習者自身の学習活動への関わりを意識した指導

### (1) 発見学習

　発見学習とは，ブルーナー（1961）によって提唱された学習の方法であり，たとえば科学者が科学法則を発見する過程のような，研究者が発見したのと同じ方法で学習者が学問の基本概念や原理を再発見するよう組み立てられた学習のことである。そのため，教える側には，習得するべき内容，あるいは

表2-2 発見学習の一例

| 問題の把握 | ・北九州工業地帯の生産高ののび方と，日本全体の工業生産高ののび方とを比べてみる |
|---|---|
| 予想<br>仮説 | ・北九州工業生産は，最近どうしてのびていないのだろうか<br>＊産業の基盤から——用地，用水，市場，動力源<br>＊歴史的経緯から——在来工業，政策など |
| 検証 | ・明治初期の八幡を中心とした北九州を調べる<br>＊北九州の自然的条件や社会的条件<br>・日本の4大工業地帯の形成について調べる<br>＊日本の重工業の中心を形成し発展した北九州<br>・戦中戦後の北九州工業地帯の経緯を調べる<br>＊他の地帯（地域）と比べた進展と悪条件 |
| まとめ | ・課題について確かめられたことをまとめる |
| 発展 | ・これからの日本工業の発展について予測する |

（出所）　水越敏行・金沢大学教育学部附属小学校（1972）

　発見するべき事項を学習者自身の手によって発見することができるよう学習環境を整えることが求められる。日本では水越敏行が推進しており，**表2-2**に示すように，単元・授業を「問題の把握-予想-仮説-検証-まとめ」のような流れで構成し，学習者の発見の過程を重視した。学習者の手によって学習事項を発見するため，学習そのものに時間がかかるという短所が見られる。しかしながら，内発的動機づけを高めることが期待できる，その時間に習得したことがらを長く記憶にとどめておける，などの効果が期待できる。

### (2) 仮説実験授業

　発見学習が提唱されたのとほぼ同じ時期に，板倉聖宣が提唱したのが仮説実験授業である。庄司（1988）によると，仮説実験授業とは，重さの概念とか力の原理のような，科学上の最も一般的で基礎的な概念や原理的な法則を，「問題-予想（仮説）-討論-実験」という流れを基本とする科学的認識の成立のプロセスに沿って確実に定着させるとともに，科学とは何かを体験的に把握させていこうという授業のことであると述べている（仮説実験授業で取り扱われる課題については図2-4を参照）。仮説実験授業の目的については，科学の発展に各々の立場から積極的に参与し，科学を創造していこうという

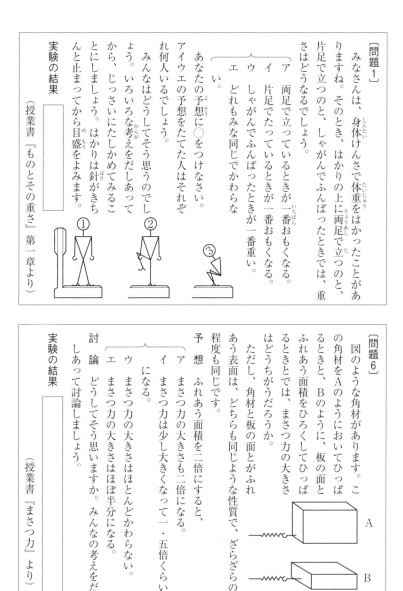

〔問題1〕
みなさんは、身体けんさで体重をはかったことがありますね。そのとき、はかりの上に両足で立つのと、片足で立つのと、しゃがんでふんばったときでは、重さはどうなるでしょう。

ア　両足で立っているときが一番おもくなる。
イ　片足でたっているときが一番おもくなる。
ウ　しゃがんでふんばったときが一番重い。
エ　どれもみな同じでかわらない。

あなたの予想に○をつけなさい。
アイウエの予想をたてた人はそれぞれ何人いるでしょう。
みんなはどうしてそう思うのでしょう。いろいろな考えをだしあってから、じっさいにたしかめてみることにしましょう。はかりは針がきちんと止まってから目盛をよみます。

実験の結果　□

（授業書『ものとその重さ』第一章より）

〔問題6〕
図のような角材があります。この角材をAのようにおいてひっぱるときと、Bのように、板の面とふれあう面積をひろくしてひっぱるときとでは、まさつ力の大きさはどうちがうだろうか。
ただし、角材と板の面とがふれあう表面は、どちらも同じような性質で、ざらざらの程度も同じです。

予想
ア　ふれあう面積を二倍にすると、まさつ力の大きさも二倍になる。
イ　まさつ力は少し大きくなって一・五倍くらいになる。
ウ　まさつ力の大きさはほとんどかわらない。
エ　まさつ力の大きさはほぼ半分になる。

討論　どうしてそう思いますか。みんなの考えをだしあって討論しましょう。

実験の結果　□

（授業書『まさつ力』より）

（出所）庄司（1988）

図2-4　仮説実験授業で取り扱われる課題の一例

姿勢と考え方を育成することにあると述べている。

## (3) 協同学習

　協同学習とは，集団の仲間全員が高まるのをメンバー全員の目標とすることを基礎においた学習のことである。杉江（2011）は授業場面における協同学習について，互いに学び合い・高め合い・認め合い・励まし合う学習活動が協同学習であると述べている。そのためには，学習集団の中にいるメンバーの一人ひとりが互いによりよく成長することをメンバー全員が目標にして学ぶことが必要不可欠である。このような信頼に支えられた人間関係のもとで，互いに学び合い，高め合っていくのである。これらをまとめると，ジョンソンら（Johnson et al. 1993）が述べているように，グループによる学習の中で，①互恵的協力関係を持つもの，②グループおよび個人としての責任を果たすもの，③活発な相互交流を持つもの，④対人技能を学習する機会に恵まれるもの，⑤個人またはグループとして学習活動を振り返る機会があるもの，とも言える。

　杉江（2004）は協同学習のメリットとして，協同という集団事態がもたらす動機づけによって学習者の学習内容の習得が高まるばかりでなく，仲間との相互作用を通して，対人的側面，学習技能の側面など，豊かな同時学習も期待できることを挙げている。

　なお，協同学習というと小集団のようなグループでの学習というイメージを持つ人もいるかもしれないが，小集団での学習活動に限らず，学級全体の一斉学習形態であっても，子どもたち一人ひとりが仲間を高めようという明らかな意識を持って授業に臨んでいるならば，それは協同学習であるとしている（杉江 2004）。

　協同学習にはいくつかの手法が存在するが，以下に紹介する，バズ学習およびジグソー学習も手法のひとつである。

## (4) バズ学習

　『学校教育辞典』（2014）によると，バズとはハチたちがブンブン音を立てて群れている状態を意味し，バズセッションとは，そのように教室の中での話し合いが活発になされるように仕組まれた討論方式を意味する。フィリップス（B. N. Phillips）が6人からなるメンバーに6分間話し合わせたこと

から6-6法と呼ばれた。わが国では，1950年代半ば，名古屋大学の塩田芳久がこの方式を愛知県の八開中学校で実践している。2,3人から7,8人の小グループで自由に意見を交換し合い，話し合うという活動である。当時の小グループによる話し合いはグループごとにリーダーを選び，リーダーのもとに話し合いを進めるという方式であったのに対して，あえてリーダーを決めず，自由に話し合うブレーンストーミングに似た方式で，話し合い参加者の満足度が高いものである，と考えられた。また，バズセッションを通して，参加者は学習内容について自分の理解の仕方をメンバーに問うことが期待され，理解を深めることができる。

## (5) ジグソー学習

ジグソー学習について安永（2012）は次のように説明している。たとえば6人1グループで学習を進める場合，まず，その回に扱う教材を，グループの人数でほぼ同じ分量を担当できるよう分割しておく（図2-5参照）。次に，各グループのaの人が教材①のところに集合し，まずは一人で課題を理解して，自分のグループのメンバーへの説明方法を考える。その上で，教材①のグループのメンバー同士で，どのように説明すれば自分のグループのメンバーに理解してもらいやすいかを検討するという作業を行なう。このようなことを，bの人は教材②のところで，cの人は教材③のところで，dの人は教材④のところで，eの人は教材⑤のところで，fの人は教材⑥のところで行なうのである（なお，教材①〜教材⑥のところにそれぞれできているグループを，専門家グループという）。その後，各々が自分の教材をグループに持

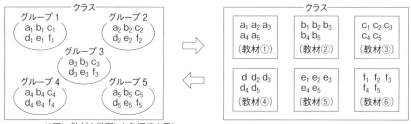

$a_1, a_2, a_3$…は同一教材を学習した各児童を示し，
$a_1, b_1, c_1$…は異なる教材を学習した各児童を表わす。

（出所）　古屋・関口・萩野（2013）

図2-5　ジグソー学習の例

ち帰ると，6人が6つの教材を持っており，しかも同じ教材をグループのメンバー誰一人として持っていない状態が生まれる。このような状況の中で，各自が専門家グループで理解を深めた担当箇所を，専門家グループで練った説明方法を用いて仲間に説明する，という方法をとる。すなわち，ジグソーパズルのピースを合わせる形でひとつの学習を成立させていく，という方式である。

なお，協同学習，ジグソー学習については，第3章にも詳細があるので参照されたい。

### (6) ピア学習

森（2010）はピア学習について，仲間との協同作業に関与した学習であると述べている。森は，大学教育のうち，留学生が受講している読み書きの授業に焦点を当て，作文に関する授業の中で，学習者同士の協同作業を取り入れた授業実践を行なった。その結果，受講者自身が読み手および書き手の立場を経験できたことから，自分の書いた文章が読み手に理解されるかどうかを考えるようになったことが報告された。また，ともに作業に取り組んだ者同士の友人関係が強まったなどの報告も見られた。

## 4　個別指導

『学校教育辞典』（2014）では個別指導について以下のように述べられている。従来，学習指導は主として一斉指導という形態で進められてきた。そこでは，学級など，学習者の集団全員が同じ学習課題に挑み，同じ教材を用いて，かつ，同じペースで学習することになっている。それに対して，個別指導では学習者一人ひとりの学習に重点が置かれ，各々の学習者に適した学習課題，学習材および学習時間が与えられることになる。学習課題が一人ひとりまったく違ったものとして与えられる場合と，同一の学習テーマのもとにあって，違った課題が与えられる場合がある。学習活動に用いる学習材に関しては，学習者の学習適性や学習スタイルを処遇して与えられる場合と，学習者が自ら学習材を選んでいく場合が考えられる。特に前者のものは，ATI（適性処遇交互作用）として知られている。

個別指導は，学習者一人ひとりが必要とする学習時間が違っている，とい

う前提に立っている。したがって、無学年制（non-graded system）による学習プログラムも存在する。しかし、一般には単元内進度別学習が採用されることが多い。

　個別指導の一例として、ベネッセ教育研究所（2007）にて紹介された、愛知県東浦町立緒川小学校の事例を挙げる。緒川小学校では、全校を挙げて「はげみ学習」に取り組んでいる。これは、国語と算数の基礎・基本の定着を図るもので、自分の進度に応じて検定（小テスト）に取り組み、合格したら次のステップに進むという流れになっている。「文字のはげみ」（国語）は89ステップ、「数のはげみ」（算数）は83ステップが設けられ、児童は学年にとらわれずに6年間を通じてステップを積み上げていく。本校はオープンスペースを広くとっており、当該の学習のときにも活用されているが、このような形の学習により、①ステップが細かく分かれているので、児童がどの段階でつまずいているのかが一目瞭然となり、課題を克服しやすいこと、②目標がはっきりしているので、児童もやる気が出やすいことがメリットとして挙げられている。また、はげみ学習について児童にたずねたところ、高学年の児童からは、「だんだんステップが上がっていくのが楽しい」「どんどん挑戦していきたい」などの回答が得られたという。中には、早く次に進もうと、「検定」の置かれた棚に走り寄る児童の姿も見られたとのことであった。

　このように、上の学年の学習内容に挑戦していく児童がいる一方、逆に下の学年の学習内容からなかなか次に進めない児童もいるという。そうした児童への手立ても適切にできるよう、「はげみ学習」の時間では教師全員でティーム・ティーチングを行ない、検定を採点しながら助言をしたり、問題を解けない児童が個別指導を受けられる「講座コーナー」を設けたりしているという。

　これ以外にも、算数で習熟度別学習を取り入れて、児童のつまずきに応じようとする「マスタリー・ラーニング」を、学期に1回程度実施しているという。その際、学習している単元の学習の途中から習熟度別にグループをつくり、指導を行なっていることが大きな特徴だという。その理由として、たとえば小数÷小数を解けない児童たちと一口に言っても、「余りを出せないから」「四捨五入ができないから」など要因がそれぞれ異なるため、要因に合わせてグループをつくり、ティーム・ティーチングによって集中的に課題を克服するのだという。

## 5　ICTを活用した双方向的な授業の試み

　近年ではICT活用の動きが見られることが多くなり，教育現場でも活用がなされている。たとえば，教職課程履修学生を対象としたものではあるが，澤山と寺澤（2014）は，教員採用試験問題を使ったeラーニングのコンテンツを作成し，その中に，当該サイトへのその時点でのアクセス人数，あるいは，アクセスした学生が残したツイートなどが表示されるようにした。このような，他者とつながる形での学習を繰り返した結果，つながりシステムには学習量の減少を抑える効果が認められた。小学生を対象としたものとしては土合と長谷川（2014）が挙げられる。土合と長谷川は小学校3学年音楽科のリコーダー指導において，タブレットPCを活用した教材とその教材を利用した単元を開発し，授業実践を行なった。その際，1人に1台のタブレットPCを用意し，一斉指導後の個別学習の場面において，指使いを映し出すビデオクリップを活用して練習させた。質問紙調査と習得状況を分析した結果，リコーダーの演奏技術自体の困難さは解消できなかったものの，指の動きやリズムなどを確認できたことで，個別練習を支援し，児童の学習意欲を高め，リコーダーの指使いの習得に効果があることが示唆された。
　ICT活用については，第5章，第6章で詳しく述べられているので併せて参照されたい。

## 6　教えるということ

　本章では指導という言葉を使いつつ，教えることに関するさまざまな技法やその中で行なわれている学習活動を紹介してきた。教壇に立ち，一時間の授業（あるいは一単元，一年間の授業）を構成する際には「何をどのように教えるか」を考えることが重要になるであろう。しかしそのとき，もうひとつ考えてほしいことがある。それは，学ぶ側に立つ者（学習者）の存在である。
　授業内外を含め，学習場面で活動しているのは教師だけではない。一番の当事者，あるいは学びの主体とも言えるのは何と言っても学習者なのである。その彼らはいったい，何のために（あるいは何がきっかけで）学んでいるの

だろうか。たとえば中学生を対象に「教える」立場に立つ人であれば,「中学3年生の終わりには高校受験が控えているから生徒は学習するのだ」と考えるかもしれない。たしかに,高校受験が学習者本人にとって重要,あるいは必要不可欠であるならば,「高校受験に必要だから」という理由で自ら学習活動に取り組むことになるかもしれない。このような学習者ならば,たとえ学習活動でつまずきがあったとしても,教える側や他者からの励ましなどによって,学習活動を持続させることが可能であろう。中には,学習を進めるにつれて学習内容の面白さや学ぶことの楽しさに気づき,受験が終わった後も自ら進んで学習を続ける生徒もいるかもしれない。

では,目の前で展開されている授業内容,あるいは学習内容を吸収することに何の意味も見出さない場合,果たして学習活動に取り組むことは可能だろうか。あるいは,今自分が在籍している「教室」という場で行なわれている活動に自分が何らかの役割を果たすことができずにいる場合はどうだろうか。このような学習者にとっては,教室という場に自分の居場所を求めることが非常に難しくなるだろう。そのため,学習活動にはなかなか結びつかない,という状態に陥るかもしれない。このように,学習者の置かれている状況は個々によって異なる。こうしたことを踏まえた上で,「教える」活動のあり方を考えていく必要がある。

■参考文献

Ausubel, D. P. and F. G. Robinson 1969 *School Learning-An Introduction To Educational Psychology*, Holt, Rinehart & Winston, Inc.（デービッド・P. オーズベル／フロイド・G. ロビンソン 1984『教室学習の心理学』吉田章宏・松田彌生訳,黎明書房）.

ベネッセ教育総合研究所 2007『VIEW21（小学版）』ベネッセ教育総合研究所.

Bruner, J. S. 1961 *The Process of Education*, Harvard University Press.（ジェローム・S. ブルーナー 1963『教育の過程』鈴木祥蔵・佐藤三郎訳,岩波書店）

古屋喜美代・関口昌秀・萩野佳代子編 2013『児童生徒理解のための教育心理学』ナカニシヤ出版.

平原春好・寺崎昌男編 2011『新版教育小辞典』学陽書房.

岩内亮一ほか編 2006『教育学用語辞典［第4版］』学文社.

Johnson, D. W., R. T. Johnson and E. J. Holubec 1993 *Circle of learning: Cooperation in the classroom* (4*th* ed.), Interaction Book Company.（デイビッド・W. ジョンソン／ロジャー・T. ジョンソン／イデッス・J. ホルベック 1998

『学習の輪——アメリカの協同学習入門』杉江修治ほか訳,二瓶社)
川上昭吾・渡邉康一郎・松本織 2009「有意味受容学習の研究」『愛知教育大学教育実践総合センター紀要』12, 183-190.
今野喜清・児島邦宏・新井郁男編 2014『学校教育辞典 [第3版]』教育出版.
向後千春 2006「大福帳は授業の何を変えたか」『日本教育工学会研究報告集』2006, 23-30.
松村明編 2006『大辞林第三版』三省堂.
水越敏行・金沢大学教育学部附属小学校 1972『社会科発見学習の展開』明治図書.
森陽子 2010「The practice of peer-learning at Kansai-Gaidai University: A case of intermediate reading and writing class」『関西外国語大学留学生別科日本語教育論集』20, 133-142.
小貫睦巳 2014「当日ブリーフレポート方式授業導入の試みによる教育手法の効果と理学療法学生の特性の検討」『理学療法科学』29, 671-677.
佐藤貴之 2013「大規模なクラスでの大学の情報教育における大福帳を用いた授業の実践とその課題」『情報処理学会研究報告』122, 1-6.
庄司和晃 1988『仮説実験授業の論理』明治図書.
杉江修治 2004「教育心理学と実践活動——協同学習による授業改善」『教育心理学年報』43, 156-165.
杉江修治 2011『協同学習入門』ナカニシヤ出版.
澤山郁夫・寺澤孝文 2014「一問一答式eラーニングにおける学習者同士の繋がる仕組みが学習者の学習量推移に与える効果」『日本教育工学会論文誌』38, 1-18.
土合泉・長谷川春生 2014「リコーダー指導におけるタブレットPCを活用した個別学習支援教材と単元の開発」『日本教育工学会論文誌』37, 459-468.
宇田光 2005『大学講義の改革——BRD（当日レポート方式）の提案』北大路書房.
安永悟 2012『活動性を高める授業づくり——協同学習のすすめ』医学書院.

── コラム1 ══

## おこりんぼものさしで感情コントロールを学ぶ

　小学校の特別支援学級や通級指導教室では「自立活動」の授業の中でSST（ソーシャルスキルトレーニング）や感情コントロールについて学習することがある。その中で、2,3年生数名を対象とした「気持ちの学習」について皆さんに紹介したい。

　最近、発達障害やそれに似た特性があり、まわりとの関係を築きにくい傾向のある子どもが増えている。こうした、自分の感情がコントロールできずに、すぐにパニックに陥ったり、人の気持ちが理解できずトラブルになったりする子どもたちに、「気持ちの学習」を6回シリーズで行なうことにした。45分の授業の中で「気持ちの学習」に使うのは20分ほどだが、少しずつじっくり時間をかけてシリーズ化してきたため、かなり実のあるものとなった気がしている。授業内容は次のようなものだ。

### 「いろんなきもち」授業

①いろんな気持ちがあることを知る。
・「気持ちの本」読み聞かせ
・読み聞かせの後、思ったことや感じたことを文や絵にする。

②気持ちにつながる表情やことばを知る
・絵本の内容や気持ちのことを思い出す。
・表情イラストのことばをつける。
・表情イラストとことばカードのマッチング

③こういう時はどんな気持ちかな？
・「先生におこられたとき」「ゲームを買ってもらったとき」等、特定の条件を挙げ、その時に自分がどんな気持ちになるか、ワー

＊ワークシート記入例

クシートに書き込む。
・「うれしいことあつめ」のワークシートをして，うれしくなるとからだがどうなるか確認する。

④「おこりんぼあつめ」
・おこりんぼになるのはどんな時か，その時，からだはどうなる？
・ワークシートで考えをたくさん出し，友達や先生と話し合う。

⑤おこりんぼものさしを作ろう
・怒りを0から5までの段階に分けていく。
・具体的にいろいろな状況を設定する。

⑥おこりんぼでも大丈夫
・おこりんぼものさしで「4」「5」になったら自分がどうなるのか知る。
・「4」「5」になる前にどうしたらいいのか，考える。
・元気になる考えを知る。
・怒りの感情も気持ちの一つであり，うまく付き合っていけることを知る。

　この中で「③こういう時はどんな気持ちかな？」では，「みんなの前でスピーチをする」ときに，全員が違うイラストを選んで，同じことをしても違うことを感じるんだということがわかったようだった。
　また，「おこりんぼものさし」に具体的な状況（先生に叱られた等）をあてはめたときに，全員ものさしの目盛が違い，「4や5がほとんどない子」「0や1の次が急に4や5に跳ね上がってしまう子」など，自分の「おこるポイント」を再確認できたようだ。
　特に，すぐにパニックになってしまう子については，専用の「おこりんぼものさし」を通常の学級に置いておき，担任や友だちに自分の怒りの段階を伝え，ある種のコミュニケーションがとれるようになってきたのは大きな成果だと考える。

（小学校・通級指導教室担当）

＊本文中のイラストは以下から引用（加工）したものである。ドロップレット・プロジェクト編 2017『視覚シンボルで楽々コミュニケーション――障害者の暮らしに役立つシンボル1000』エンパワメント研究所, pp.34-35.

# 第3章
# 学びが育つ教授法

## 1 アクティブラーニングとその背景

　アクティブラーニングとは何だろう。その定義はとても広く，そもそもはアメリカの大学教育改革の中で生まれ出た用語である。アメリカの教育学者であるボンウェルとアイソン (Bonwell and Eison 1991) が書いたアクティブラーニングの先駆的著書 *Active Learning : Creating Excitement in the Classroom* の中で，アクティブラーニングの一般的な特徴を以下のように挙げている。

1) 生徒は，授業を聴く以上の関わりをしていること
2) 情報の伝達より生徒のスキルの育成に重きが置かれていること
3) 生徒は高次の思考（分析，総合，評価）に関わっていること
4) 生徒は活動（例：読む，議論する，書く）に関与していること
5) 生徒が自分自身の態度や価値観を探究することに重きがおかれていること（松下 2015）

　これらは学習者の学習における状態や条件であり，これらを生み出すことができる授業方法全般がアクティブラーニングのデザインと呼ばれるものなのであろう。これらを取りまとめたアクティブラーニングの定義を，溝上 (2014) は「一方向的な知識伝達型講義を聴くという（受動的）学習を乗り越える意味での，あらゆる能動的な学習のこと。能動的な学習には，書く・話す・発表するなどの活動への関与と，そこで生じる認知プロセスの外化を伴う」としている。つまり教師の話を一方的に聴くだけの授業においては，

生徒の学習状況はひたすら受け身であり，生徒の主体性を発揮するところもなく，教師の思うままに授業が進んでいってしまう。アクティブラーニングの授業では，生徒自身が主役であり，知識を活用しながら自らの思考を能動的に構築していくその主体的なプロセスが，書く・話すなどの活動を通じて外から見える，ということが重要だということだ。

　アクティブラーニングと呼ばなくても，そもそも教育学には類似の概念がたくさんある。たとえば古いところでは，アメリカの教育学者であるデューイ（1957）が提唱した経験主義教育から始まり，学びの共同体論，探究学習，また後から紹介する協同学習やジグソー法などもこの定義の中に含まれる。つまりアクティブラーニングとは，何かひとつの教育方法を指しているわけではなく，これまでの能動的学習を総括し，さまざまな教育方法を包括する意味での大きな袋として位置づけるのが正しいようである。

## (1) 日本の初等中等教育への導入の背景

　日本の教育政策においてアクティブラーニングが取り上げられたのは，アメリカ同様，大学教育からである。文部科学省に設置されている中央教育審議会が2012年にまとめた「新たな未来を築くための大学教育の質的転換に向けて〜生涯学び続け，主体的に考える力を育成する大学へ〜（答申）」に初めて登場した。そこでは「教師による一方向的な講義形式の教育とは異なり，学修者の能動的な学修への参加を取り入れた教授・学習法の総称。学修者が能動的に学修することによって，認知的，倫理的，社会的能力，教養，知識，経験を含めた汎用的能力の育成を図る」としている。また実際の授業における活動の例として，「発見学習，問題解決学習，体験学習，調査学習等が含まれるが，教室内でのグループ・ディスカッション，ディベート，グループ・ワーク等も有効なアクティブ・ラーニングの方法」と述べられている。これら指針にある共通の特徴としては，グループワークやペアワークに代表されるように，クラスメイト等の他者とともに学ぶことを基盤としている点にあると言える。だからこそ，今現在の中学校・高等学校の教育現場では，グループワークをすれば，アクティブラーニングになる，といったような誤解も生じている。

　そもそも日本の学校教育においては，すでに小学校のときに多くの生徒がアクティブラーニングを経験している。つまりアクティブラーニングに包含

されるさまざまな教育概念の導入により，クラスメイトや地域の人びとなど，他者と学び合うことが学習活動の基盤となっているのだ。しかし中学校・高等学校という中等教育に入ったとたん，子どもたちにとって学習は暗記中心になり，その学習活動は個人を基盤としたものに取って替わられる。もちろんこれは高校入試や大学入試の際には，個人で答案に向かわなければならないことと無関係ではないだろう。仲間と相談しながら問題を解く，といった形の入学試験は今のところ日本国内ではまだあまり見られないのが現状である。試験に一人で取り組まなければならないのであれば，そこに向かうカリキュラムも，個人を基盤とする学習になりがちになるのは当然だ。ただ他者とともに学び合いながら理解を深め，いろいろな考えを吟味，検討した中から，新たな価値や見方を作り出していく活動は，大学に入学した後の学習や，その先にある学校教育の出口，すなわち社会全般によって常に求められている現状があることを忘れてはならないだろう。

　特に2006年に，日本の経済界が現代を生き抜く社会人が持っておくべき資質を取りまとめた「社会人基礎力」（経済産業省）が示され，同様に大学卒業時には身につけておきたい資質・能力，そして態度である「学士力」（文部科学省）も示されている。最近では，人工知能が台頭するであろう次世代において，思考や仕事の仕方，市民として不可欠な力を取りまとめた21世紀型スキル（OECD諸国の研究者らがまとめたもの）も話題となっており，日本の教育政策も大きく取り扱っている。

　このような社会や大学教育の動きは，中学校・高等学校にも大きな影響を及ぼすに至っている。平成30年に公布される学習指導要領は，まさにその中学校・高等学校において，〈主体的・対話的で深い学び〉が導入されることになる。アクティブラーニングという用語をそのまま用いてはいないが，目的とするところは同様である。日本の教育政策は，この学習指導要領の改訂を含む2012年からのさまざまな施策によって，幼稚園・小学校から大学まで，学力の3要素（①基礎的・基本的な知識・技能，②知識・技能を活用して課題を解決するために必要な思考力・判断力・表現力等，③主体的に学習に取り組む態度）を統一の目標とし，継続的かつ統一感をもって子どもを育成することを目指している。

## 2 なぜアクティブラーニングが必要なのか

アメリカにとどまらず，なぜ日本の教育政策において幼稚園・小学校から大学までアクティブラーニングの導入が推し進められているのか，その理由を次の3点で詳しく説明しよう。

### (1) 教授・学習のパラダイム転換（学校という場の認識の変化）

バーとタグ（Barr and Tagg 1995）は，学校のそもそもの目的について，認識を新たにすることを求めた。教師の日常ではついつい〈教える〉が目的になってしまう。しかし授業は，〈教える〉と〈学ぶ〉の相互作用によって成立している。いくら教師が一生懸命教えたとしても，その結果，生徒が学んでいなかったらその授業は成功したことにはならない。まさにバーとタグがパラダイム（ものの見方）の転換と述べているように，教師は，学校が何を目的としている場所なのか，もう一度認識を新たにする必要があるようだ。パラダイムの転換とは，つまり何を教えたか，が重要ではなく，その結果，生徒が何を学んだかが重要であり，〈教える〉が目的ではなく，まさに生徒が〈学ぶ〉ことが授業の目的になる。そうすると授業の主体は教師ではなく生徒であり，生徒は教師の話を聴く，といった受動的な態度ではなく，まさに思考を活性化することを授業で実現しなくてはならないのだ。だからこそ一斉授業ではなく，アクティブラーニングが必要なのである（図3-1参照）。まさに学校は何をするところなのか，という認識が教育の視点から学習の視点へ，そして教師から生徒へと転換した。

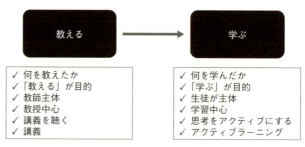

（出所） R. B. Barr and J. Tagg（1995）をまとめたもの。

図3-1　教授学習のパラダイム転換

## (2) 学力観の変化

　これまで学力と言って社会的に想定されるのが，いわゆる偏差値や定期考査の結果といった知識を中心にした数値で測れる評価軸である。しかし上述したように，いま社会から求められているのは，これまでの知識に加え，いわゆる知識を支え，活用していく力の部分であり，それらはまとめて〈新しい能力〉（松下 2010）として注目を集めていく。〈新しい能力〉とは，1990年以降，さまざまな形で提唱されるようになった能力の総称である。ここで政策としての〈新しい能力〉の遍歴を見ることで，日本の社会の学力観の変化を追ってみよう。いろいろな力の必要性が叫ばれ始めたのは，1996年文部科学省から公示された〈生きる力〉からである。当時，2017年告示の学習指導要領に盛り込まれることになった〈生きる力〉には，その内容として，①基礎的な知識・技能を習得し，それらを活用して，自ら考え，判断し，表現することにより，さまざまな問題に積極的に対応し，解決する力，②自らを律しつつ，他人とともに協調し，他人を思いやる心や感動する心などの豊かな人間性，③たくましく生きるための健康や体力，などが挙げられている。これ以降，〈リテラシー〉（OECD-PISA 2000），〈人間力〉（内閣府 2003），キー・コンピテンシー（OECD-DeSeCo 2003）など，立て続けに初等・中等教育に関する指針が示されている。そしてさまざまな学力観が整理されたのが，2007年に一部改正された学校教育法である。そこには「生涯にわたり学習する基盤が培われるよう，基礎的な知識及び技能を習得させるともに，これらを活用して課題を解決するために必要な思考力，判断力，表現力その他の能力をはぐくみ，主体的に学習に取り組む態度を養うことに，特に意を用いなければならない。」（第30条の第2項）と記された。ここに学力を構成する基本的な要素が明確に記されたことになる。それは①知識および技能，②思考力，判断力，表現力などの能力，そして③主体的な態度の3点である。これまで数値的に測定することが困難だとされてきた能力や態度までも，学力として法に定めたことは特筆すべき点である。これまで中学校・高等学校の教師の主な役割は知識を提供する〈教える〉にあったのだが，それに加えて，さまざまな能力や態度も育まなければならない要素として認識され始めたのである。これ以降の学習指導要領において，この学力観のもと，上述の3点は〈学力の3要素〉として提示されている。

この〈学力の3要素〉により，授業のあり方も大きく変容する。一方向的な一斉授業を聴くという行為ではこの3要素は達成できないのである。だからこそ，授業はアクティブラーニングへの転換が求められている。

### (3) 深い学習の促進

　上述したように，認識や学習観の変化によって，教育の目標が大きく変容したことを述べた。3つ目の理由は，学問的な背景がある。学習理論の観点からすると，そもそもアクティブラーニングを導入することによって，より深い理解が促進されるということが明らかになっている。

　狭義にアクティブラーニングを理解すれば，本節の(2)でも述べたように，まさに一方向的な一斉授業のみでは育まれない，いろいろな能力や態度を育成するよい方法として位置づけられる。そして実際の教育現場においても，それらに効果がある授業方法として注目されていることも事実である。それゆえに，これまでの事例では，グループ学習をすでに基盤としている総合的な学習の時間等の探究活動に用いられることが多い。

　しかしこれまで学習心理学や認知心理学，認知科学，学習科学，脳科学などの学習を扱う分野においては，他者とともに学習することによって，理解が深まることはすでに定説である。だからこそ，探究活動のみならず，著者は知識の定着が必須である教科教育でのアクティブラーニング導入を推奨したい。

　繰り返しになるが，「アクティブラーニング＝グループ学習」とイメージするほど，アクティブラーニングにはクラスメイトとの教え合い・学び合いが想定されている。そもそも学習における他者の存在に注目した研究は，みんなと学習することで，個人の伸びしろを発見したヴィゴツキーの発達の最近接領域（ヴィゴツキー 2005）に依拠するであろう。発達の最近接領域とは，学習者が理解できそうだがまだ十分ではない領域を示した理論的な概念（プリチャード／ウーラード 2017）であり，仲間や教師の助けを借りながら，自らの理解を深めていく可能性を示している。ヴィゴツキーの研究は実験対象が幼少期の子どもだったので，一般的なグループ学習の効果として論じることには少し飛躍があるかもしれない。しかし多くの人が自らの経験として，うまく行ったグループ学習では，多くの学習者が理解の深さを意識しており，〈わかった〉と思う気持ちを得ていることが多い。以上からグループ学習を

基盤としたアクティブラーニングが，数値で測ることができない能力や態度の育成のみならず，知識の定着の鍵になる深い理解にも，大きな役割を果たしていることがおわかりいただけただろうか。

## 3　アクティブラーニングが抱える課題

　本書では，アクティブラーニングが，学力の3要素である①基礎的・基本的な知識・技能，②知識・技能を活用して課題を解決するために必要な思考力・判断力・表現力等，③主体的に学習に取り組む，のいずれにも効果が高い授業方法であることをこれまで示してきた。そして2020年には大学入試センターのセンター試験も新たな方式に生まれ変わる予定であることも大きく報道されている。特に高等学校にとっては大学入学試験の実施や評価の変更は，学校の日常の授業の方法にも大きな影響を及ぼしている。学力の3要素の育成や新テストへの対応を視野に入れて，中学校・高等学校の多くの現場でもアクティブラーニングが徐々に導入され始めている。また学習指導要領により，さらにその状況は加速していくのだろうと思う。

　しかしその反面，すでにいくつかの課題も浮き彫りになっている。本章ではまずその課題を著者なりに整理してみよう。

　現状あるアクティブラーニングの課題を，①外化（理解のアウトプット）と，②内化（知識のインプット）にまつわるものに分けて整理してみる。教育現場から聞こえてくるアクティブラーニングの課題は，今現在，主に外化に関係するものが多い。その中でもグループ学習に関する問題は深刻だ。グループ学習はアクティブラーニングの中核を成しており，まさにグループ学習の成功がアクティブラーニングの成功といっても過言ではないだろう。しかし現実にはそのグループ学習が日々の授業の中でうまくいかないのだ。たとえば，仲間の功績にただ乗りするフリーライダーの存在，またそれを避けるためにグループメンバーごとの役割分担を強化することで生じてしまう自分の担当箇所以外への無関心さ，またそもそもグループ学習に適切でない課題提示などが挙げられる（森 2015）。

　その中でもここではフリーライダー問題を取り上げよう。フリーライダーとは，自らが積極的に活動していないのに，グループ全体の功績にタダ乗りしている学習者を指す。さらに著者が調査をした結果によれば，フリーライ

ダーには主に2つのタイプがあることが明らかになった。〈意図したフリーライダー〉と〈無意識なフリーライダー〉である。前者のタイプは行動と頭の中の思考，双方ともにグループ活動に参加しておらず，教師からもその状況は目に見えてわかりやすい。結果，声掛けや作業の確認などの教師側からの介入によって多少の改善が見られるのが特徴だ。しかし深刻なのは後者の〈無意識なフリーライダー〉である。グループ学習は往々にしてリーダーシップを発揮する数名の学習者によって進められる場合がある。その場合，一人ひとりのメンバーがじっくり考える間もなくリーダーシップを発揮するメンバーから次々と提案がなされ，段取りが組まれていく。以下は大学での事例である。

（教師の提示した課題に関して）
学生A：どうしよう，●●でいっか？
学生B：（少し沈黙して）そうだね
学生C：（うなずき）
学生A：▲▲もこんな感じでいいよね？
学生B，C：（うなずき）
学生A：そしたら私がここやっておくから，Bはここ，Cはこっちでいい？
学生B：私はここだね？
学生A：そうそう。…。
（2015年A大学の事例）

　全体として作業は活発，かつスムーズに進んだグループ活動の事例ではあるが，学生Aのリーダーシップのもと，学生BとCの思考は果たしてアクティブだろうか。学生Aの提案を批判的に検討したり，新たなアイディアを提示し，それらをグループで吟味するような深い議論は行なわれていない。これではグループ学習においても，思考が活性化する学習者とそうでない学習者の間に差が広がるばかりである。一斉授業では，聞いている生徒と聞いていない生徒の間に大きな学習の格差があることが指摘されていた。アクティブラーニングへの転換で乗り越えたと思っていたこの学習の格差は，アクティブラーニングにおいてもこのような形で残存しており，アクティブラーニングでは成績が伸びないと漏れ聞こえる噂の根拠はまさにこのフリー

ライダー問題にあると著者は考えている。

　実際に授業を調査している著者の立場からすれば，生徒ばかりに問題があるのではない。多くのアクティブラーニングの授業では，その場で課題が出され，十分に準備する間もなくアクティブな外化が求められる場合が多い。その場で考え，その場で思考を外に表わすことを求められる現状は，アクティブラーニングが抱える最も深刻な課題を浮き彫りにする。それはアクティブラーニングの課題の2番目にあたる，内化の不足である。討論や議論，プレゼンテーションなど外化するためには，外化したい内容が不可欠であるはずが，そこが十分ではないことで，思考と活動との乖離(かいり)が起こってしまう。この状況を松下 (2015) は，「「外化のない内化」がうまく機能しないのと同じように，「内化のない外化」もうまく機能しない。内化なき外化は盲目であり，外化なき内化は空虚である」と表現している。だからこそ外化中心のアクティブラーニングは，今現在，主に能力や態度といった学力の3要素の知識以外の学力の育成に効果があると理解されており，それらの力の獲得を目指したプロジェクト学習や探究活動の教育方法として捉えられがちである。それがより深い理解や知識の定着を目指す教科教育への導入が難しいとされてきたゆえんである。

　そもそも脳は，インプットされた新たな知識をすぐに活用しなければ，数時間後には忘れてしまう出力依存型なのだ。だからこそ，知識の習得や深い理解には，受け取った借り物の知識を，すぐにその場で活用し，自らの経験として捉えることが不可欠である。それはこれまでも教科教育は，多くの教師の経験値として一斉授業と演習，つまりインプットとアウトプットという組み合わせが有効であることがわかっているのと同じ理論である。さらに演習というアウトプットの活動を，教師に対する外化ではなく，そこをグループ学習形態にすれば，それこそアクティブラーニングを導入したことになり，内化を伴う外化活動とグループ学習効果でより深い理解を促す授業デザインが構築できるはずである。つまり教科教育において基礎学力を担保しなければならない授業こそに，アクティブラーニングの導入が必須だということだ。

　ではどうしたらよいのか。溝上 (2014) は，方法も内容もどちらも深さを求めるべきであり，松下 (2015) ではそれをディープ・アクティブラーニングと名付けている。知識の習得とコンピテンシーの育成，双方を促すアクティブラーニングのあり方を検討する必要がある。

## 4　深い学びを促すアクティブラーニングの授業デザイン

　アクティブラーニングの授業において生徒の学習が活性化している事例には，実は2つの共通点があった。それは，①思考を深める内化と外化の往還，そして②個人の思考を基盤とした個人とグループの往還である。次に詳しく述べる。

### (1) 内化と外化の往還

　内化は，いわゆる生徒にとってインプットであり，通常の授業においては教師が教える知識伝達の部分にあたる。そして外化はそれを活用するアウトプットであり，生徒自身が思考のプロセスを外に活動として表わすことを指す。これまでも1回の授業において，教師が教え（知識のインプット），それを生徒が演習（アウトプット）する，といった活動が多くデザインされてきたのは前述の通りである。しかし教授パラダイムでは，知識のインプットに多く重点が置かれ，ともすればアウトプットに多くの時間が割けないことから，そこは授業外の宿題として生徒のやる気や都合に任された場合も多く見られた。しかし2回目の記述になるが，脳は出力依存型なのである。大事なのはインプットではなく，インプットされた知識を自ら使ってみるアウトプットだ。インプットしたら使わないとすぐに忘れるので損である。しかし学習パラダイムに転換した今，アクティブラーニングのブームにおいては，アウトプットという外化にどうしても注目してしまい，今度は外化に多く時間を取られてしまうという逆転現象が起こっている。そして学習活動は活発だが，個人の生徒は内化が不十分のまま，「達成感はあるが，今日の授業でわかったことは果たして何だったんだろう？」といった状態で授業の終了時間を迎えるといった事例が多い。

　そんな中で，さまざまな能力や態度の育成のみならず，成績の向上が見られるアクティブラーニングの授業も多く存在する。その授業のデザインを抽出して並べてみると，これらの授業に共通するデザインは，必ず最後にもう一度，内化の活動として教師が教えていることが明らかになった（森 2016；2017）。1回の授業の大まかな流れは，最初に基礎項目を簡単に教えて（内化），その後，グループワークを基盤とした演習活動（外化），そしてここにとど

表3-1 ある授業の内化－外化－内化の授業の流れ（事例）

| 授業における活動 | 内化/外化 | 活動主体 | 割合 |
|---|---|---|---|
| ① 導入・一斉授業 | 内化 | 教師 | 20% |
| ② グループによる演習 | 外化 | 生徒 | 40% |
| ③ まとめ，質問・疑問に対応 | 内化 | 教師 | 40% |

まらず，授業の最後にもう一度，外化によって生じた疑問を一掃する〈教える〉が組み込まれていた（表3-1参照）。

　最初の内化は，まさに思考をアクティブにするための事前知識や素材をインプットすることを目的とするものであり，それによってまずは生徒の個々の〈わかったつもり〉を作ることができる。通常の授業では，ここに時間を取られがちだが，ここは情報提供にとどめることをお勧めする。時間の短かさに不安がある教師には，最初の内化を予習課題とする，または後述する反転授業を導入するなどの対応が考えられる。次に外化というアクティブラーニングにおいて，自分の〈わかったつもり〉を持ち寄り，他グループメンバーの〈わかったつもり〉に触れる機会を得る。そこで自分と他者の思考の違いを認識することを通じて，自らの〈わかったつもり〉に混乱や躊躇，葛藤といったゆらぎが生じ，まさに認知的学習論で言う「なぜ？」が想起するのである。この「なぜ？」がとても重要だ。学習研究の知見としては，まさに「なぜ？」が想起してから学習が深まっていく。しかし先ほど述べたように，多くのアクティブラーニングの授業が残念ながらこの外化で授業を終えてしまっている現状がある。そうすると知識はゆらいだままである。そして外化における言語活動や議論のすり合わせを通じて，さまざまな能力や態度が育成されたところで授業終了となり，やはりアクティブラーニングは，知識獲得が難しいという現場の声となる。そこで深い理解も伴うアクティブラーニングにするためには，最後にもう一度，内化のための活動を入れることが必要である。それも直前の外化で生じた生徒の疑問や葛藤，そして不確かな部分を教師が吸い上げ，生徒の思考よりも一段高い認知レベルにおいて解説，総括，さらには〈教える〉を行なうことによって，生徒は，〈わかった〉にたどり着くことが可能になる。

## (2) 個人とグループの往還

　深い理解を促すアクティブラーニングの授業におけるもうひとつ大きなポイント，それは一人ひとりの生徒の思考をどれだけ活性化できるか，ということだ。グループ学習のほとんどに，フリーライダーが現われやすいことはすでに述べた。思考と活動の乖離の問題は，圧倒的にこの〈無意識なフリーライダー〉が原因であることが多い。ではグループ学習が活性化し，さまざまな能力や態度だけでなく，知識の獲得も視野に入っているアクティブラーニングの授業は，どのような工夫があるのだろうか。実はフリーライダーを生み出すメカニズムを回避するために，個人の活動を基本としていることが明らかになった。つまり最初からグループで課題に取りかかるのではなく，グループメンバーがまずは課題に個人で取り組み，自らの〈わかったつもり〉を作った後にその結果をシェアするグループ学習に取り組むという順番だ。個人のいろんなレベルの〈わかったつもり〉は，解答に多様なバリエーションを生む。たとえ解答は一致しても，そこにたどり着いた思考のプロセスはみな違うはずである。答えだけではなく，そのプロセスについて言語化して相手に伝えること，これがコツである。これだと誰か一人の意見のみでグループ学習が進んでしまう危険性は少ない。ただ〈わかったつもり〉をシェアするにとどめてしまうと，自分の意見を言うだけの，言いっぱなしグループ学習になってしまう。だからこそ，次のステップでは，グループメンバーの〈わかったつもり〉をすり合わせて，グループでひとつの最適解を作る統合の作業が必要になる。異なるものをすり合わせるこの活動において，自らの考えを発信するだけでなく，相手の意見を傾聴し，共通性を見つけたり，差異を明らかにしたりという必然性が生まれるのだ。自らの〈わかったつもり〉とグループメンバーの〈わかったつもり〉のすり合わせをしながら，個々の〈わかったつもり〉の抽象度を上げていき，ひいてはグループでの〈わかったつもり〉という最適解を見出していく過程が，まさに主体的な学びであり，コンピテンシーや深い学習につながる学習活動と言えよう。楽しいだけがグループ学習ではない。まさにいろいろなクエスチョンマークが飛び交うグループ学習（コラム3参照）の中においてこそ，深い学習は生まれるのだ（図3-2参照）。

　さらにグループの活動をここで止めてしまうのではなく，もう一歩，活動を進めよう。グループでの〈わかったつもり〉という最適解を，個人の〈わ

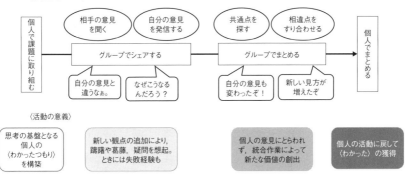

図3-2 学習活動の流れとその活動の意義

図3-3 内化と外化,そして個人とグループの組み合わせ

かった〉に落とし込む作業が必要である。たとえば,グループで取り組んできたその課題を自分一人だけでもう一度取り組んでみる,また小テストなど類似の課題に個人で向き合うなどである。いったんグループ学習によって共有知となった新たな理解を,もう一度,自らがそもそも持っている既有知に結び付けて深い理解を生み出す活動になる。そうすることによって,アクティブラーニングにおけるグループ学習は,グループ学習そのものが目的ではなく,当初の個人の〈わかったつもり〉を個人の〈わかった〉に再構築する〈装置〉という手段として位置づけることができるのだ(図3-3参照)。

## 5 アクティブラーニングの手法

この節では,4で挙げた2つのコツを,すでに形の中に取り込み,アクティブラーニングとして確立している授業方法である協同学習,ジグソー法,そして反転授業について紹介しよう。

## (1) 協同学習の考え方

　協同学習の定義を，D. ジョンソン，R. ジョンソンとホルベックは，学習者たちがともに課題に取り組むことを通じて，自分の学びと仲間の学びを最大限に高めようとする，小グループを基盤にした指導法（ジョンソン／ジョンソン／ホルベック 2010）としている。そこで強調されるのは，協同学習が単なるグループワークの技法として理解されるのではなく，その背景にある，たとえば信頼関係に基づく頼り合いや個人の責任など（Kagen 1994），社会における学びのスタイルを，そのまま授業の中に再現するという理解になる。安永（2016）は，協同学習は，人間関係を重視した「仲良しグループ」による穏やかな学び合いとは違い，よりよい解を創り出すために，ときには意見のぶつかり合いも必要であると述べていることから，まさにそれができるようになるための共同体の雰囲気や意識づくりも協同学習の大きな目的として据えられているのだろう。

　協同学習のデザインに共通する基本的な構造として，〈課題明示→個人思考→集団思考〉が挙げられている。課題明示とは教師の役割であり，グループ活動の目的と，そこに至るまでの手続き，および個人が行なうべき活動内容を，事前に学習者に明示することである。活動内容の明確な指示は，自分が何をすべきか，よく理解した上で学習に取り組めることが大きな利点である。まさに個人からグループ活動が始まっているところが，深い理解を促すグループ学習と言ってよいだろう。

　協同学習は理念的背景が強いことから，特定の決まった形があるわけではない。どのような授業においても，協同学習の理念を取り入れることができる。第2章の協同学習の項も参考にされたい。

## (2) ジグソー法

　ジグソー法は，まさにその名の通り，一人ひとりの生徒や生徒の理解がジグソーパズルの1片のピースとしての役割を果たし，誰が欠けていても全体が成立しない仕組みをうまく活用している教育方法である。そもそも1970年代に，社会学者のアロンソンらがこの方法を開発した。その理由は，当時のアメリカは貧困や人種といったいろいろな差別社会の影響が，学校教育や授業の中にも持ち込まれていた（アロンソン 1986）。その中でこのアロンソンたちが，人種差別を廃止したクラスにおいてよりよい教育プログラムを生み

出そうと，いろいろな学習理論から編み出したのが，このジグソー法である。

　ジグソー法では，生徒たちがお互いに情報の供給源として信頼し合わなければならない過程を作り出している。それは①個人間の競争が成功と両立しないような学習過程を構成して，②集団における子どもたちの間の協同活動の後でのみ，成功が必ず起きるようにすることである（益川 2016）。たとえばひとつの長い文章の内容を理解しようとしても，一人で取り組むには大変だ。そこでその文章をいくつかに区分し，ひとつのグループの中でそれぞれ担当する。その後，同じ区分を担当している者同士集まり，内容の確認など，人に説明できるようにした上で，元のグループに戻り，自分が理解を深めた箇所について他のメンバーに説明するのである。説明するのが教師ではなく，同年代の同級生であることが活動成功の秘訣であり，授業中に教師に質問をするのは心理的にも負荷が高いが，同年代の説明者であれば，軽微な内容でも気軽に質問できるメリットがある。そして自分しか知りえない情報を，責任感をもって仲間に説明する，という自己効力感の向上にもつながる形が効果をあげているのだろう。どの教科でも導入できるが，教材となる学習内容の公平な分割や，授業で扱う問いの作成には教師の優れた力が不可欠になる。具体的な授業の構成については第２章図２-５が参考になる。

### (3) 反転授業

　4で記した内化と外化の往還に関しては，すでに教育方法として確立しているものがある。それが反転授業である。本項では詳しく説明しよう。また，さらに詳しい内容については森・溝上（2017a；2017b）を参照されたい。

　20世紀後半にアメリカで生まれ，草の根で広まった反転授業とは，説明中心の一斉授業などを動画化し，事前学習として学習者に視聴を促すことを前提に，対面授業では受講者がより主体的に学ぶ演習やプロジェクト型学習を行なう授業形態全般を指す。

　反転授業はそもそも高校の化学の教師であったバーグマンとサムズ（2014）が，欠席する生徒たちへの学習教材として短い動画を作成して渡したのが始まりだ。その理由をサムズは来日の際に，〈教える〉という教師主体ではなく，生徒たちが活発に活動する学び主体の授業を作りたかったと説明している。つまり反転授業は，単に授業と自宅学習の活動を反転させる新しい授業形態のことを指すのではなく，〈教える〉から〈学ぶ〉へのパラダイム転換

の取り組みのひとつの形と位置づけるのが正しそうである。

そもそも反転授業はICT（Information and Communication Technology）と深く結びついていることから，なにやら近未来的な教育のようにマスコミに取り上げられたりもするが，そうではない。いつの時代の教師も悩まされている，目の前の学習者の学びの格差をどのように小さくしていくのか，という試行錯誤の中で生まれた。つまり反転授業もまた，日々の実践知の延長線上で現われた教育方法であり，だからこそ草の根で広まったのだ。前述のバーグマンとサムズも部活遠征で授業を長く公欠しなければならない生徒のために工夫したのであり，また初等から大学レベルまで，ネットを通して高水準の教育を無償で提供するカーンアカデミーの創設者であるカーン（Kahn 2012）も，そもそも数学が苦手な従兄妹を遠方からサポートすることが目的だった。このように目の前にいる学習者の理解を精一杯引き出すこと，まさにそれが反転授業の目的と言える。

反転授業の導入が世界中の学校で展開され始めたのにはいくつかの理由がある。その中でも特に重要なのは，反転授業の導入により，著しい成績の向上が認められた事例が多くあることである。

## （4）反転授業の新しさは何か

ここでは反転授業の特徴を多角的に捉えるために，授業における学習者の学習プロセスを中心に，表3-2にて反転授業と伝統的な〈教える〉を中心とした一斉授業のデザインを比較してみた。

一斉授業では，授業が始まる前の事前の学習を，生徒の自由意思に任せている場合が多い。結果，その学びは，授業という全員が参加する場から始まる。そして授業では教師主体による〈教える〉が行なわれ，生徒はそこで初めて学習内容に出会うことになる。生徒同士の相互作用は少なく，あくまでも個人が聴くという形に学習活動がとどまることが大きな特徴だ。生徒一人ひとりが教師の話をどのように理解し，どのように新たな知識を構築したかはその場で外から見ることは難しい。そして後で課される宿題にて，授業で聴いた内容を個人で定着・活用してみるというのが一連の流れである。宿題にて，自らの思考と手を動かしてみて初めて疑問や理解が足りないところが明らかになるのが常である。でもそのときに質問できる教師や友人はそばにいない。この一般的な〈教師が教えてから生徒が学ぶ〉という学習活動は，

表3-2　伝統的な授業と反転授業の学習活動対照表

| 授業の流れ | 学生の活動 | 伝統的な授業デザイン | 反転授業の授業デザイン |
|---|---|---|---|
| 事前学習 | 活動主体 | 任意 | 生徒 |
|  | 学習活動 |  | 動画の視聴（繰り返しが可能） |
|  | 活動の単位 |  | 個人 |
| 授業 | 主な活動主体 | 教師 | 生徒 |
|  | 学習活動 | 一斉授業を聴く | 演習・プロジェクト型学習への参加 |
|  | 学習活動の単位 | 個人 | グループ |
| 復習 | 活動主体 | 生徒 | 任意 |
|  | 学習活動 | 演習 |  |
|  | 活動の単位 | 個人 |  |

　日本においては中学校・高等学校の定番であり，多くの生徒には〈学ぶ〉と言えばこの形が馴染み深い。

　これが反転授業ではどうであろう。実は教師主体の一斉授業を聴くという生徒個人の活動の後に，その知識を定着・活用するという一連の学習プロセスは，伝統的な授業デザインと大きな差はない。そのことは**表3-2**からも明らかだ。ただ学習活動自体は，授業からではなく，事前学習から始まっている。その意味だけで言えばフリップ（反転）というよりもスライドかもしれない。ただその前倒しには大きな意味がある。大事なことは，クラスメイトが集まる授業という場で何をするのか，ということである。一斉授業を聴くという個々の活動は，事前学習として自宅で済ませ，みんなが集まる授業，そして教師とよりコミュニケーションが取れる授業で知識を定着，活用する主体的な活動を展開していく。これならわからないところがあっても，教え合い・学び合いで解決できる可能性もあり，さらには即時に教師に教えを乞うことも可能である。

　再び，**表3-2**の事前学習のところを見てみよう。生徒が個人で事前学習をする，これはまさに生徒が一人で〈わかったつもり〉を作る学習活動と言える。学習が個人の〈わかったつもり〉を作るところから始まるのは，まさに**4**に示した深い学びを促すアクティブラーニングのデザインそのものである。そして授業においてグループ活動を行なうところまで，深い学びを促すデザインと共通性がある。実はこの深い学びのデザインは，反転授業の効果を調査した結果から生み出されたものなのだ。調査した際，反転授業であっ

第3章　学びが育つ教授法　　55

ても成績が伸びた授業とそうでない授業が出てきたのである。そこで2つの授業のデザインを比べてみると，成績が伸びていなかった授業では，グループ活動で授業が終わっていることが多かった。それに対して，成績が伸びた授業は，グループ活動の後に，教師が解説している，つまり内化の活動がもう一度行なわれていることが明らかになったのだ。これらの結果は，**4**の(1)の内化と外化の往還のところでも記述した通りである。

このことからも，最後に内化に関する活動を再導入し，しっかりと個人の学習に落とし込むことで，内化不足や活動と思考の乖離を回避できるデザインが生まれている。反転授業について詳しく解説したのは，まさに反転授業のデザインそのものが，実は内化と外化の往還，また個人と学習の往還が自然にできるデザインだからなのである。だからこそ多くの現場の教師により口コミで広がったのだと言えよう。

日本の中学校・高等学校においては，まだまだ十分なICT環境が望めないところも多く，反転授業導入についてはまだまだ難しい面もある。しかし間違ってはいけないのが，反転授業を行なうことではなく，その効果を検討した上で，まさに深い学習を促すアクティブラーニングのコツを理解することが重要だということだ。内化と外化，そして個人とグループを往還する授業のデザイン，これこそがアクティブラーニングの効果を引き出す教育方法のひとつの可能性である。

## 6　アクティブラーニングの必然性

本章では，教育方法としてのアクティブラーニングについて，その必要性を説明した上で，現状にある課題を提示しながら，その課題を解消するデザインについて示した。アクティブラーニングは方法であると同時に，〈教える〉から〈学ぶ〉への転換や，教師の役割の転換，そして学習観の転換を促す，さまざまな起点となっている。三宅（2011）は「教育は，システムであり，同時に人であり，また実践であると同時に理論でもあり，それらを往還することで深まるものである」と述べている。まさに教育方法もシステムであり，同時に，教師一人ひとりが目の前の生徒たちの学びのために試行錯誤する，その思いでもある。また有効なデザインや規則があるのであれば，学習理論でもあるが，それらは常に日々，教育実践の現場である授業から生ま

れているものなのだ。

　アクティブラーニングは，授業における学習観やものの見方を新しくするだけでなく，授業における教師と生徒の関係性を変える。教師の役割は〈教える〉から〈学びを支える〉に転換し，授業は教師が準備してきたことを伝える場から生徒たちが試行錯誤する場へ，そしてそれに教師が答えるライブ感あふれる場へと変化する。

　これまで学習と言えば，浅い表面的な知識を幅広く学習する累加（増えること）が中心であった。しかし「主体的で対話的な深い学び（アクティブラーニング）」では，まさに知識が増えるだけにとどまらない。知識の数は少なくても，一度，構築した〈わかったつもり〉に，他者との関わりの中でゆらぎを与え，再度，それらを作り変えていくことで，再構築型の学習が達成される。まさにこの学習観が，人工知能や機械化が台頭する21世紀において必要なのだろう。社会が知識基盤型となり，解のない問題に取り組む人材育成が不可欠である今，教育政策のみならず，小学校から大学までの連携によってさらに推し進めることが望まれる。課題は多々あるが，〈わかった〉を勝ち取ったときの生徒の表情を見れば，私たち教師はその改革を推し進められるはずである。教師もまた他同僚と関わりを持ちながら生涯を通じてのアクティブラーニングが必要なのだ。

■参考文献

アロンソン，E. 1986『ジグソー学級──生徒と教師の心を開く協同学習法の教え方と学び方』松山安雄訳，原書房．

バーグマン，J．／A. サムズ 2014『反転授業』山内祐平監訳，オデッセイコミュニケーションズ．

Barr, R. B. and J. Tagg 1995 "From Teaching to Learning: A New Paradigm for Undergraduate Education," *Change*, 27, 6.（http://www.maine.edu/pdf/BarrandTagg.pdf 2017年4月17日確認）

Bonwell, C. C. and J. A. Eison 1991 "Active learning: Creating excitement in the classroom," *ASCHE-ERIC Higher Education Reports*.（https://www.ydae.purdue.edu/lct/HBCU/documents/Active_Learning_Creating_Excitement_in_the_Classroom.pdf 2017年4月17日確認）

デューイ，J. 1957『経験と教育』宮原誠一訳，岩波書店．

Kahn, S. 2012 *The One World Schoolhouse*, Education Reimagined. London: Hodder & Stoughton; New York: Grand Central. Publishing.

Kagen, S. 1994 *Cooperative Learning*, San Clemente, CA： Kagan Publishing.
益川弘如 2016「知識構成型ジグソー法」安永悟・関田一彦・水野正朗編『アクティブラーニングの技法・授業デザイン』東信堂.
松下佳代 2010『〈新しい能力〉は教育を変えるか――学力・リテラシー・コンピテンシー』ミネルヴァ書房.
松下佳代 2015『ディープ・アクティブラーニング――大学授業を進化させるために』勁草書房.
溝上慎一 2014『アクティブラーニングと教授学習パラダイムの転換』東信堂.
三宅なほみ 2011「概念変化のための協調過程――教室で学習者同士が話し合うことの意味」『心理学評論』54，328-341.
森朋子 2015「反転授業　知識理解と連動したアクティブラーニングのための授業枠組み」松下佳代編『ディープ・アクティブラーニング』勁草書房.
森朋子 2016「アクティブラーニングを深める反転授業」安永悟・関田一彦・水野正朗編『アクティブラーニングの技法・授業デザイン』東信堂.
森朋子 2017「アクティブラーニングとは何か――「わかったつもり」を「わかった」に導く授業デザイン」『ドイツ語教育』21，15-21.
森朋子・溝上慎一編 2017a『アクティブラーニング型授業としての反転授業［理論編］』ナカニシヤ出版.
森朋子・溝上慎一編 2017b『アクティブラーニング型授業としての反転授業［実践編］』ナカニシヤ出版.
プリチャード，A.／J. ウーラード 2017『アクティブラーニングのための心理学』田中俊也訳，北大路書房.
ジョンソン，D.／R. ジョンソン／E. ホルベック 2010『学習の輪（改訂新版）――学び合いの協同教育入門』石田裕久・梅原巳代子訳，二瓶社.
ヴィゴツキー，L. S. 2005『文化的――歴史的精神発達の理論』柴田義松訳，学文社.
安永悟 2016「協同学習による授業デザイン――構造化を意識して」安永悟・関田一彦・水野正朗編『アクティブラーニングの技法・授業デザイン』東信堂，pp.3-23.

===コラム2===

## 「わかる」授業を通して「学び続ける」態度の育成に

　中学校の社会科の授業は教材が命である。教科書や地図帳，グラフや統計などの資料はもちろん，地球儀や世界各地の写真，国会便覧，銅鐸や埴輪のレプリカも教材なのである。教科書や資料集には数多くの写真や資料が掲載されているが，やはり実物にしく教材はない。生徒は銅鐸の重さに驚き，また地球儀で日本を探し，見知らぬ国に思いをはせる。生徒と地球儀を囲んでいると，昔，世界地図を前に祖父が行ったことがある国を教えてくれたことを思い出す。中学生は実に好奇心旺盛である。この生徒の知的好奇心を生かしながら，生徒が「わかった」と実感できる授業にするためには何が必要だろうか。

　生徒が「わかった」と実感できる「わかる授業」には何が必要か。私は生徒が「共感・好感・親近感」を持つ授業が「わかる授業」であると定義している。学習内容に対して「そうか」と共感し，地図や写真で「おもしろそう」と好感を持たせ，実生活と結び付けて「なるほど」と親近感を抱かせる。社会科という教科の目標を達成しつつ，生徒の興味・関心を育て，生徒に「わかる」を実感してもらう。特に社会科は教室にいながら地理・歴史・公民を学ばなければならない。教室からどれだけの「共感・好感・親近感」を生徒に持たせることができるか。教師の創意工夫が求められる。

　「世界の気候は大きく寒帯，冷帯，温帯，乾燥帯，熱帯の5つに分けることができます。また，それぞれの気候に応じた人びとのくらしがあります。たとえば熱帯では，暑さをしのぐために風通しのよい衣服と住居で，食べ物はタロいもやキャッサバ，ロボ料理があります」と説明しても，ほとんどの生徒が行ったことのない熱帯や寒帯に住む人びとの生活を理解することは難しい。見知らぬ国に興味・関心を持たせるためには，その地域に住む人びとの生活をとらえた写真が有効である。近年は教室にも授業用タブレットなどICTが取り入れられているので，デジタル教科書だけでなく，教師独自の教材をタブレットに取り込むことができ，授業に活用することができるのである。

　また，近年は知識を伝えるだけでなく，既存知識をもとに自ら考え，発表する「考えさせる授業」や「自ら学ぶ授業」が取り入れられている。たとえば地理では，世界各地の気候と人びとの生活と文化を関連づけて学ぶことが取り上げられている。生徒に自ら考えさせるには，まず問いを立て，図や写真からさまざまな情報を読み取らせ，比較させる具体的な資料と活動が必要

である。

　まず問いを立てるにはどうすればいいか。それには生徒から「発見」を引き出すことが必要である。たとえば熱帯に住む人びとの生活を表わした写真を授業スライドに映し、「熱帯と日本と違うところは何ですか？」と生徒に問いかける。すると「暑そう」「果物がおいしそう」「日本の住居と違う」「松の木ではなくヤシの木がある」と実に中学生らしい「発見」が飛び出してくる。その生徒の「発見」から、「熱帯と日本の夏ではどちらが暑いのか」「なぜ日本と熱帯では食べ物や住居に違いがあるのか」など、「問い」に発展させていくのである。そして雨温図などの資料から生徒の「問い」を解決する。「考えさせる授業」や「自ら学ぶ授業」においても、生徒の興味・関心をひきたてることが重要なのである。

　授業や教室にICTが取り入れられるようになり、教師の教材研究の幅が広がっている。教科書にない資料や、文章だけではわかりにくいものを写真や動画を用いて理解させることができる。どうすればわかりやすく伝えることができるのか、どの資料を使えば生徒に「共感・好感・親近感」を持たせることができるのか、教師の腕の見せどころである。もちろんすべての授業でただICTを導入すればいいというわけではない。「生徒にこんなことを伝えたい」「こんな力を身につけさせたい」というビジョンを持ち、それぞれの単元で、どのように活用すれば効果的かを検討していく必要がある。

　最後に、日々の授業を通して私が生徒に伝えたいこと、それは「学び続けること」の重要さである。学べば学ぶほど社会を見る目が広がり、自分の知らないことに出合う。知らなかったことがわかると、学ぶことが楽しくなり、また学びたくなる。この学びのサイクルを身につければ、生涯にわたって学び続けることができる。知的好奇心が満たされ、学ぶ楽しさを知る。教室での「わかる」授業が、「学び続けること」につながっていく。世界は、知らないことや学ぶべきことがあふれている。自分が教師となった今は、どうすればわかりやすく伝えることができるのか、どうすれば「わかる授業」を実践できるのか、教材研究と日々の授業を通して、私も学び続けている。

（中学校・社会科教諭）

# 第4章
# 学びを育てる環境

## 1 学びを育む学習環境

### (1) 学習環境とは
　今，本書を手にしている皆さんが学習環境と聞いて想像するものは何であろうか。教室を思い浮かべた方はいるであろうか，それとも図書館だろうか。自宅の勉強部屋をイメージされた方もいるだろう。学習環境という言葉から，場所を想像する方は多いと思われるが，学習環境は物理的な場所だけを指すわけではない。教室であれば，教室に置かれている机や椅子，またそれらの並べ方も学習環境に含まれる。教員が学習者に向かい合って話しやすいように机や椅子を整列させた教室と，学習者同士がグループで意見を交換しやすいように5人1組になって机を寄せ合い，島をいくつか作っている教室とではそれぞれの学習環境が持つ意味は異なる。つまり，学習環境は物理的な施設や場所だけを示しているのではなく，机や椅子なども含まれる空間全体である。また，その空間で誰が集まって，どういったことを行なうのか，その空間からどんな学びを育むのかも学習環境の要素に含まれる。
　山内（2010）は，学習環境の要素を「空間，活動，共同体，人工物」に整理している。「空間」は教室や図書館など学習環境を物理的に保障する要因，「活動」は授業や研修会といった学びの生成に直接的に関連するきっかけを示している。「共同体」は，ある目的を達成するために集まった人びとのことを，そして「人工物」は，書籍や教材などがそれに該当し，空間，活動，共同体を有機的に関連させる役割を持つ。これらの要素が関連しあうことで学習環境は成立すると言える。また，加藤・鈴木（2001）は，学習環境をデ

ザインするプロセスを3つのレベル「ヒト（組織）・コト（活動）・モノ（道具）」に区分している。ヒトは，組織の構成や制度を，コトは，活動内容や目的を，モノは，(空間的) 場，教育メディアや機器，ドキュメントなどを示している。いずれの提言も，学習環境として物理的な場所だけを考慮するのではなく，そこで生成する活動，活動に関わる人，活動を支える物のことを示しており，学習環境をデザインするためにはこれらの要素を複合的に検討することが重要であることがわかる。

本章では，学びを育むための学習環境について取り上げる。まずは現代社会と学習者に求められている力に関して概観した後，学びが生成する教室，授業外における学びを育むラーニング・コモンズやそこで提供されている学習支援を取り上げつつ，教育の目標に適した学習環境をデザインするにはどのような点に配慮することが望ましいのかについて，高等教育（大学での教育）の現場を通して考える。ここでの実践・考え方は初等・中等教育での学びの環境創りにも活用できる。

## (2) 現代社会と学習者に求められている力

「どのような学習環境をデザインすることが好ましいのか」を考える際には，学習者が学習環境を活用して「どういった力を育もうとしているのか」「学習目標をどう達成しようとしているのか」を明らかにする必要がある。育むべき力を明らかにするからこそ，その力を育むための学習環境のデザインを明らかにできる。そのため本項では，現在の社会と学習者に求められている力を取り上げ，学習環境を構築するために何が求められているのかを検討したい。

現代社会は工業化社会から，情報化社会，そして知識基盤社会，リスク社会へと移行してきた。社会の移行に伴い，学習者に求められる能力にも変容が見受けられるようになった。工業化社会では，企業への忠誠心，上長の指示に的確に従う力，マニュアルに沿って定型的に解決策を遂行する力などが就業者に求められていた。しかし，知識基盤社会では，抽象的で，漠然としたテーマの中から問題を見出し，問題状況に応じた解決策を検討し，仲間と協力して課題を解決する力が求められる。

工業化社会では決まりきった問題に対応する定型的な解決策の徹底が求められていたのに対し，知識・情報・技術がめまぐるしく変わりゆく知識基盤

社会では，自らが置かれた現状から問題を分析し，他者と協力し合って課題を解決する力が求められるようになったのである。また，現代社会はグローバル化，少子化，高齢化，自然災害や環境破壊など変化や変動が激しく，リスクが拡大した社会でもある（船津ほか 2014）。さまざまなリスクを回避し，あるいは克服して社会で生き抜くためは，自らの行為を反省的に振り返り，課題を乗り越える力が必要になると船津（2014）は指摘している。

　このように，課題を発見し解決する力，他者と共に学ぶ力，自らを振り返り学び続ける力などは，従来の学力で扱ってきた範囲におさめることは難しい（松下 2010）。そこで，各組織体は「新しい能力」として，1990年代から学士力（文部科学省），社会人基礎力（経済産業省），PISA型学力（OECD），21世紀型スキル（ATC21S）などを制定し，その育成を求めている（松下 2010；久保田 2013など）。松下（2010）は，「新しい能力」を次の4点「①基本的な認知力（読み書き計算，基本的な知識・スキルなど），②高次の認知力（問題解決，創造性，意思決定，学習の仕方の学習），③対人関係能力（コミュニケーション，チームワーク，リーダーシップなど），④人格特性・態度（自尊心，責任感，忍耐力など）」（松下 2010：2）に整理している。しかし，従来から行なわれてきた「教員が学習者に一方向的に知識を伝える」教育方法では，「新しい能力」の特徴とも言える「高次の認知力」，「対人関係能力」，「人格特性・態度」を培うことが容易ではない。これらの力を育むためには，学習者が能動的に考え，他者と対話し，学び合うことで知識構築を目指した授業が必要になり，そうした授業を実践しやすい学習環境が求められる。

## (3) アクティブラーニングを展開する学習環境

　前項で取り上げた「新しい能力」を育むために，これまでは一般的であった教員が主導して知識を伝達するといった知識伝達型のティーチングから，学習者が主体的に学習を行ない，知識を生成するラーニングへとパラダイムシフトをする動きが出てきた。「教員が一方向的に教える」授業から「学習者が学ぶ」授業を推進するため，2000年代後半から授業の中に，アクティブラーニングが導入されるようになった。2012年の中央教育審議会による答申においても「生涯にわたって学び続ける力，主体的に考える力を持った人材は，学生からみて受動的な教育の場では育成することができない。従来のような知識の伝達・注入を中心とした授業から，教員と学生が意思疎通を

図りつつ，一緒になって切磋琢磨し，相互に刺激を与えながら知的に成長する場を創り，学生が主体的に問題を発見し解を見いだしていく能動的学修（アクティブ・ラーニング）への転換が必要」（中央教育審議会：2012 年 8 月 28 日）だと示されている。

　アクティブラーニングは，プリンス（Prince 2004）やボンウェル（Bonwell 1991）に代表される定義があるものの，日本では溝上の定義が用いられることが多い。溝上（2014）は，「一方向的な知識伝達型講義を聴くという（受動的）学習を乗り越える意味での，あらゆる能動的な学習のこと。能動的な学習には，書く・話す・発表するなどの活動への関与と，そこで生じる認知プロセスの外化を伴う」と，アクティブラーニングを定義づけている。アクティブラーニングの全容については本書第 3 章を参照されたい。

　以上のような背景から，学校教育においてよりいっそうアクティブラーニングを意識した授業やカリキュラムの実施が求められることになり，こうした学習を展開しやすい学習環境を教育現場に設置する必要性が高まってきた。加えて授業内に限らず，授業外においても学習者が学んでいくことができるような学習環境を構築することの重要性が認識されるようになってきた。文部科学省（2016）が国公私立大学計 778 大学に対して実施した「平成 28 年度学術情報基盤実態調査」の結果では，学生の主体的な学びを促すアクティブラーニングのための学習スペースが 453 大学（58.2％）にのぼっており，2011 年度からは 2.5 倍増となっている。急速に学びの場における学び場のデザインに変化がおきていることがわかる。

## 2　教室における学習環境デザイン

### (1) 学習者の学びを育む教室のデザイン

　ティーチングからラーニングへのパラダイムシフトに伴い，教室ではどのような変容があるのだろうか。教員が知識を伝えることを重視している知識伝達型の授業であれば，教員が教えやすい教室が望ましいと言えよう。教員は教室の一番前に置かれた教卓の前に立ち，学習者は教員に向かって整列して机や椅子を並べるという教室である。一般的な教室がこのようになっている。一方，学習者同士によって知識を生成するような，知識構築型の授業で

あればどうだろうか。一斉に前を向いている固定式の机では互いに顔を見ることができず，グループになって学習をしにくい。学習者がグループを組んで話し合い，議論のプロセスや結果を共有しやすい教室，教員やほかの学習者グループに対して議論の成果も提示しやすい，学習者同士が学びやすい教室がよいと言える。この場合，机や椅子は可動式のものが必要になる。グループでの話し合いのプロセスや成果をグループで共有したり，教員がこれらを確認して適宜助言をしたりするには，ホワイトボードをグループごとに用意したり，グループごとのモニターを提示できると便利であろう。たとえば図4-1，4-2の教室は，可動式の机と椅子が配置されており，モニターも複数あるためPCをつないで各グループのディスカッションの結果を共有できる。

東京大学は2007年に駒場アクティブラーニングスタジオ（KALS：Komaba Active Learning Studio）を整備している。KALSはアクティブラーニングを普及し，展開させる学舎となっている。KALSでは授業の特徴に応じて，①講義とディスカッション，②タブレットPCの活用，③プレゼンテーション型，④実習型の4タイプに授業形態を分けている。また，これらの型に適した授業をするために教室のテーブルのレイアウトを変更したり，タブレットを提供したりしている（山内 2010）。可動式の什器にすることで，テーブルのパターンを自由に変更できるため，講義の内容に応じて一斉講義スタイルからグループディスカッションスタイルへと容易に教室を変化することができる。

図4-3から図4-6までは机のレイアウトを変えることで教室の環境に変化を持たせている。図4-3は一斉授業がしやすい教室である。教員が学習者に対して一方向的に話を伝える際はこのスタイルが取り入れ

図4-1　ホワイトボードを活用するグループワーク

図4-2　グループモニタがある教室

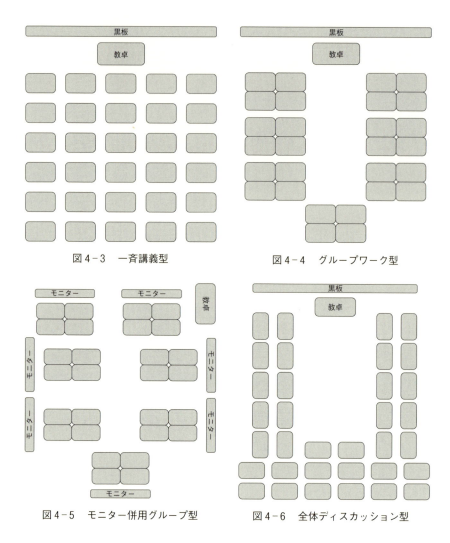

図4-3　一斉講義型

図4-4　グループワーク型

図4-5　モニター併用グループ型

図4-6　全体ディスカッション型

られている。**図4-4**は，グループワーク型である。講義で話を伝えた後に，グループでディスカッションをする場合はこちらが適している。たとえば，関西大学「メディア教育論（担当岩﨑千晶）」において前半は講義を中心とした授業をしているが，後半はグループで教材や授業案をデザインする学習活動を行なう。この場合，前半は講義型で授業をし，後半はグループワーク型に教室の什器を移動するようにしている。またグループワークをする際に，ICT環境が整備されていて**図4-5**のように各グループでの議論のプロセス

や成果をモニタに映し出すことができれば，教員も適宜助言をしやすい。図4-6では，グループワークの後に全体ディスカッションをしたい際や，講義の後に全体で意見交換をする場合に適していると言えよう。このように，何を目標として，どのような授業をするのかによって，望ましい教室のデザインは変わるのである。

### (2) 学習者の学びを深める ICT ツール

学習者の学びを深め，より魅力的な授業をするために，教室に PC・タブレット，モニタ・電子黒板，教材提示装置等の整備をし，ICT（Information and Communication Technology）を導入した学習環境を整備する大学も増加している。

教室に PC やタブレットがあり，インターネットに接続できる環境があると，学びの可能性は広がる。たとえば「総合的な学習の時間」や「課題探究」の授業を行なう際に，PC を用いて調査テーマに関する調査を進めることが容易になる。インターネット上には，動画コンテンツも多数提供されているため，教員が授業にこれらの教材を活用して学習者の学びを深めることもできる。NHK の E テレのサイトにアクセスすれば，教育番組を閲覧できる。たとえば，理科の「ふりこ」の単元では，ふりこの動きをスローで確認でき，「雲の動き」では一日の雲の動きを倍速で確認できる。教員が準備することが困難な教材を容易に活用でき，学習者の理解を深めるためにも有益だと言えよう。大学においても講義を公開する MOOCs（Massive Online Open Courses）が開設されている。文部科学省（2016）による平成 28 年度学術情報基盤実態調査結果報告によると，ネットワークを介した講義の実施に関しては，33.7% の大学がこれを実施している。具体的な内容としては，教養，専門教育，補習授業（リメディアル教育），自主学習が挙げられており，授業内外において学習者が動画を活用して学ぶ環境が整備されつつあることがわかる。

またモニター，電子黒板，教材提示装置を使うことで，タブレットや PC を活用して個人で調べた内容をグループや全体で共有できる。グループの意見を共有することで，学習者は新たな視点に気がついたり，自分では気がつかなかった課題を発見したりすることもできるであろう。

ほかにも，大学での多人数講義や講演会等であればクリッカーを活用することで，多くの学習者の意見を知ることができる。クリッカーはレスポンス

アナライザーとも呼ばれる授業を支援するためのツールである。クリッカーを活用すると，教員は問いに対する学習者の回答を瞬時にグラフや文字として表示できる。たとえば「ICTを活用することで効果的な授業が展開できるか？」という質問に対して，学習者は「賛成する，どちらとも言えない，反対する」の選択肢から回答をする。多人数講義の場合は，問いに対する学習者の答えを一斉に把握することが困難であるが，クリッカーを活用すると，回答が瞬時にグラフ化されて提示されるため，何名が賛成の意見なのか，反対なのかについての結果を確認できる。その結果を基に，グループで議論をすることも可能である。また，前回の授業内容を小テスト形式で出し，学習者の反応を見て，間違いの多い箇所については改めて説明を加え，理解を促すこともできる。あるいは，第1回目の授業で学習者にいくつかの問い（例：PISA型学力，21世紀型スキルについて説明できるか？）を出し，その回答結果（例：他者に説明できる，自信がないができそう，できない）を見て，学習者の前提条件を確認できる。

　このようにICTを活用することで，学習者の学びを深めるための学習活動を展開する可能性が高まる。しかし，ICTは教育において万能なツールではない。教員はICTを活用することにどのような効果と課題があるのかを見極めた上で，教育の目的を果たすためにICTをどう活用すべきなのかを判断しなければならない。また，すべての教室にこれらの機材を整備することは困難である。PCを数十台収納できるPCモバイルカートを導入することで，どの教室でもPCを活用できるようにしたり，PC教室を準備したりするなどして，学校の状況に合わせた学習環境を検討する必要がある。

### (3) 授業外にも学べる場のデザイン

　次に授業外に学習者が活用する部屋のデザインや家庭において子どもが学習する際の部屋のデザインについて検討する。

　教育の現場では，授業中に教員の指示を聞くことができない学習者や授業中にじっと座っていることのできない学習者が増えてきていることが報告されている（丹羽ら 2004）。こうした場合，教室，保健室，校長室以外の部屋に，あるいはこれらの部屋に工夫をして，学習者が気持ちを落ち着ける場所を用意することが求められている。オーストラリアのSt Leonard's Collegeの付属幼稚園では，気持ちの高揚した子どもが落ち着くための小さな部屋が

用意されている。もともとは図画工作の機材が置かれている4畳半ほどの図画準備室であったが，暖色系の照明や，パステルカラーを中心としたカラフルであるがやさしい雰囲気の装飾品を飾り，ソファーを置き，子どもたちが落ち着いて話ができる部屋へと作りかえた。ヒーリングルームという言葉が合う小部屋である。子ども同士でけんかになってしまったとき，あるいは教員の言うことを素直に聞くことができなかったとき，子どもが自分の気持ちを落ち着かせるために，この部屋にやってくる。教員と子どもはソファーに腰を掛け，1対1になって話し合う。そうすることで，子どもの気持ちも落ち着いていくという。こうした部屋を設置している学校はまだ一般的とは言えないが，今後はこうした部屋を学校で準備し，子どもが気持ちを切り替えることを見守る環境も求められるであろう。

　また，家庭での学びを育む学習環境はどうであろうか。小学校へ入学すると，小学生は自宅で宿題をする。宿題をすることは，子どもが主体的に学ぶための第一歩になると言える。では，子どもたちが主体的に学ぶことができる環境をどう準備すればよいのか。各家庭の状況もあるため，一概には言えないが，まずは子どもたちが集中できる環境，必要に応じて保護者が支援できる環境を整えられるとよいだろう。学習は，個人で学びを深めていく内的で個人的な側面と，他者と話し合いながら分かち合うことで学んでいく外的で共同的な側面がある。アクティブラーニングにおいても，他者と話すことや発表するといった学びの外的な側面だけではなく，他者との議論から何を学んだのかといった内的な側面が重要だと指摘されている（松下 2015）。一人で集中して学習できる環境はあれば望ましいが，個室を用意せずとも，テレビやゲームなど子どもが集中することの妨げになるものを取り除き，子どもが集中して学べる環境があればよい。最近では働いている保護者も多く，保護者がキッチンで食事の準備をするそばで，子どもが宿題をしている家庭も増えているだろう。保護者が近くにいると，一人では課題の解決が困難であった場合への対応も即時にできる。特に小学校低学年の場合は，保護者がそばで見守り，どこでつまずいているのかを確認することで，つまずきを自分で乗り越えるための手助けができる。

　学習環境は，学校教育における教室だけを指すものではない。学校教育においても教室以外に保健室や校長室もある。また学習環境は学校教育だけのものではなく，自律的な学習者を育てるためには家庭での学習環境も重要な

要素だと言える。学習者が学習しやすい環境をどう作ればいいのかについて，自分で考えることができるようになると，自律的な学習者への大きな一歩をふみ出したと言えよう。

## 3　図書館・ラーニング・コモンズにおける学習環境デザイン

### (1) ラーニング・コモンズのデザイン

　ここまでは正課で学ぶ教室を中心に議論を進めたが，3 では正課外において学習者が自律的に学んでいくための学習環境を取り上げる。中でもラーニング・コモンズを主軸として，正課外で学生が学ぶための学習環境やそこで実施されている学習支援を紹介する。

　文部科学省は 2012 年 8 月 28 日の答申「新たな未来を築くための大学教育の質的転換に向けて～生涯学び続け，主体的に考える力を育成する大学へ～」において，学習時間を増加させるために，授業外学習を促進するための学習環境を整備することの重要性を指摘している。その鍵となるのが，ラーニング・コモンズのような学習を促す環境である。マクマレン（McMullen 2008）は，ラーニング・コモンズとは，利用者に対して図書館が持つ機能，情報技術，学習支援を機能的，空間的に統合したものであるとしている。そして，ラーニング・コモンズの構成要素として，コンピュータ・ワークステーション・クラスタ，サービスデスク，協同学習用のスペース，プレゼンテーションの支援センター，FD のためのサポートセンター，電子教室，ライティングセンターなどの学習支援，各種打ち合わせ・セミナー・レセプション・イベント等で利用されるスペース，カフェエリアを挙げている。また，文部科学省（2012）は，ラーニング・コモンズとは「大学図書館における，学生が学習のために集うことのできる共有スペース。グループ活動エリア，プレゼンテーションエリア，PC 利用エリア等，個人の自習環境に加え，グループワークにも適した学習環境を指す」と定義している。マクマレンの定義と比べると，コンピュータ等の ICT の活用や学習支援が含まれていないところが異なっており，文部科学省の定義はより狭義なものと言える。また，河西（2010）はラーニング・コモンズの特徴として，図書館メディアを活用した自律的な学習支援，協同的な学習の支援，ライティング等のアカデミックス

キルの支援を提示している。これらの提言からは，ラーニング・コモンズは図書館を主軸に，協同的な学習や自律的な学習を支援する学習施設を示していることがわかる。

　文部科学省（2013）による国公私立771大学を対象に実施した平成25年度の大学における教育内容等の改革状況調査に関する分析結果では，特に進展が見られた項目としてラーニング・コモンズの整備・活用を行なっている大学数の上昇を指摘している。この数値は平成23年度321大学（42％）から，平成25年度389大学（51％）へと増加しており，ラーニング・コモンズを整備する大学が増加している様子が見受けられる。

## (2) ラーニング・コモンズの事例

　国内の図書館におけるラーニング・コモンズの事例として，2015年に開設された関西大学総合図書館のラーニング・コモンズ（図4-7）を取り上げる。本ラーニング・コモンズは，ラーニングエリア，ワーキングエリア，ライティングエリア，ワークショップエリアから構成されており，アクティブラーニングを授業外にも実践する場として多くの学生から利用されている。ラーニングエリアは思考を自由に出し合い，拡散させるエリアであり，アクティブラーニングで必要なアイデアを共に出し合う作業をしやすい場となっている。皆から寄せられた思考を収束させる活動をするのがワーキングエリアである。また思考を拡散，収束させる際に，自分たちの力で課題を解決することが困難な場合はライティングエリアを活用してチューターに相談できる。そして最終的にはワークショップエリアにてアクティブラーニングを通して学んだ成果を報告することができる。このように関西大学総合図書館ラーニング・コモンズのコンセプトはアクティブラーニングを支える施設として機能させることにある。

　具体的なエリアの機能としては，ラーニングエリアは，オープンスペースとなっており学生が自由に利用することができるエリアで，最も人気が高い。可動式のテーブルと椅子，ホワイトボードや電子黒板が配架されており，学生のアイデアで机を自由に組み合わせて利用できる。グループで話し合いをする場合は，メンバーが議論の流れを把握するためにホワイトボードがよく活用されている。ゼミ対抗のプレゼンテーション大会などが開催される場合は多くの学生でにぎわっている。

図4-7　関西大学ラーニング・コモンズ

図4-8　武庫川女子大学ライブラリカフェ

ワーキングエリアは，グループで集まって活動ができるエリアとなっている。透明のパーティションで仕切られており，PCとホワイトボードを設置している。5～6人から20名程度入る個別エリアがあり，少人数でのグループワークからゼミの実施も視野に入れたスペースとなっている。パーティションで仕切られていることから他者の目を気にせずにプレゼンテーションの練習を実施することもできる。

ライティングエリアは，大学院生のチューターがライティングに関する相談を受け付ける学習支援を展開している。ライティング支援に関する詳細は本章**4**の(2)で紹介する。

　これらのエリアでは図書館内の本を貸出の手続きをすることなく利用できるよさがある。学生がグループワークをしてある考えを導き出す際に，自分の頭の中にある情報だけでは限界があり，アイデアが浮かんでこないことがある。また，論文やレポートを執筆するに新しい視点やオリジナリティを見出せないこともある。ラーニング・コモンズでは，書籍から情報を入手しやすい環境にあり，実践知と学問知を行き交う学生の学びをサポートすることにつながると言える。

　ワークショップエリアは100名ほどの人数が入れるオープンスペースとなっており，一人掛けの可動式の机椅子が置かれている。ゼミの成果発表やイベントなどのワークショップを開催しやすいエリアとなっている。アクティブラーニングで学んだ成果を報告したり，学習の成果としてワークショップやイベントを企画し，参加者を招くことも可能である。アクティブラーニングは高次な認知力を育むことをその目標として掲げているが，他者を対象としたイベントやワークショップを企画・運営し，評価することはまさに高次な認知力を育むことにつながると言える。学生が発案した取り組み

を円滑に進めることができるように，今後も大学は支援する必要がある。

　武庫川女子大学においても，図書館にラーニング・コモンズを設置している（図4-8）。学生が静粛を保つことができ，個別に学習をすることができるエリアもあれば，グループで意見交換がしやすいエリアも確保されている。また正面玄関を入ればすぐにライブラリカフェが併設されている。ライブラリカフェには昼食時は軽食が販売され，飲食が可能である。校友会から寄付された大学生向けの雑誌も配架されている。カフェという名称にふさわしく，デザイン性のある照明に，ソファなど学生がくつろぎながら学習できるような雰囲気となっている。コモンズをデザインするにあたり，学生も意見交換に加わり，実際に利用する学生の声を生かしたラーニング・コモンズとなっている。

　このように，図書館におけるラーニング・コモンズでは，書籍や情報メディアを活用して，自律的な学びや協同的な学びを促し，学問知を高めるための場の構築や学習支援の提供が行なわれている。

## (3) 図書館以外の場所に設置されているラーニング・コモンズのデザイン

　ラーニング・コモンズという名称を持つ施設は図書館に限らない。昨今，新しい学舎を整備して図書館とは異なる学舎において，学生の主体的な学びを支えようとしている大学は多い。たとえば同志社大学，関西学院大学は，図書館とは別の学舎を建設し，その中にラーニング・コモンズを設置している。大阪大学では全学共通科目を学ぶ学舎にステューデント・コモンズを整備し，図書館と同様に，共有のスペースやグループ学習用のスペース，プレゼンテーションを行ないやすいようにモニターとプロジェクタが設置されているスペース，リフレッシュスペースなどが用意されている。このように，ラーニング・コモンズは，図書館において開設され始めたが，学生の学びを支える場としての効果が確認されると，次第に学習の目標や学生生活の特色に応じた施設において広く整備されるようになった。

　図書館以外の場所に設立されたコモンズの事例として関西大学の「コラボレーション・コモンズ」を紹介する。コラボレーション・コモンズでは，「授業外に学生同士で学びあう学生，課外活動に励む学生たちを応援する」をコンセプトにしており，ピアサポート，留学支援，ボランティアセンターの活動など，関西大学がこれまで展開してきた独自の取り組みを集結させ，学生

たちのコラボレーションを誘い，他者と協力し合いながら，考え，行動する「考動力」を培った人材を育成することを目指している（岩﨑 2013）。

「コラボレーション・コモンズ」は，グローバル，ボランティア，ピア，ICT，ラーニングエリアから構成される専門エリアに加え，多目的エリアであるコラボレーションエリアを設けている。たとえば，ボランティアエリアでは，学生スタッフが活躍して，ボランティアに関する情報の提供や活動に参加する学生への説明会を実施している。またピアエリアでは，ピアサポーターと呼ばれる「学生生活を支えたい」という意欲を持った学生スタッフが，「KUブリッジ（留学生が日本で円滑な学生生活が送れるように支援する）」，「ピアコミュニティ（学生主催による活動を支援するKUサポーター）」など6つのグループに分かれて活動している。ラーニングエリアは，プロジェクタ，モニター，ホワイトボードを配置し，ゼミでの学習，サークルや課外活動の勉強会，研修などグループワークを実施しやすい環境となっている。このエリアでは，プレゼンテーションの練習，実験ノートの準備，試合の様子をビデオで振り返る活動などさまざまな取り組みが展開されており，正課や課外における学生同士の学び合いを促進するような環境づくりがされている。

### （4）ラーニング・コモンズをデザインするにあたって

このようなラーニング・コモンズをデザインするためには何から始めればよいだろうか。従来のやり方では，施設をどこに設けて，どう運営するのかや，そこでどういったサービスを提供するかといった，施設の運用やサービスの提供から考える場合が多い。しかし，ラーニング・コモンズのような学習環境をデザインするにあたって考えるべきことは，その施設で学生がどのような力を培うのかという学びの特性を明確にすることである（Scott 2012）。

先述したとおり，まずはスペースを使って達成されるべき目標や育成したい学生像を設定し，その目標を達成するためにはどのようなスペースをデザインするべきなのかを考えることが重要になる。そうすることで，学習者の学びを促す環境の構築へとつなげることが可能になる。コモンズにおける目標を設定する際，スコット（Scott 2012）は次のような6つの問いを提案している。「質問1：空間で起こると想定される学習はどういったものであるのか。質問2：学生が学習に使う時間を増やし，学習の生産性の向上を促進させるためには，空間をどのようにデザインするのか。質問3：学習スペースの設計は単独

学習から協同学習までのどこの領域に焦点を当てるべきか。質問4：スペース・デザインによって知識の権限についての要求をどの様に扱うのか。質問5：空間は教室外での学生と教員の交流を推進するように設計すべきか。質問6：空間で教育経験の質を高めるにはどうするか」(Scott 2012，筆者により一部修正)。スコット(Scott 2012)は，この6つの問いを幾度となく繰り返して検討することで，よりよい学習環境の構築へとつながっていくと指摘している。

　また，目標を達成するために学習者がどのような学習プロセスをたどることが望ましいのかを考えて，学習環境を整備することも重要である。たとえば，図書館のラーニング・コモンズで「経済学部が行なっているゼミナール対抗プレゼンテーション大会をサポートする」という方針を立て，学生が「大会で発表するプレゼンテーションをグループで論理的に報告できる力を身につけること」という目標を立てたとする。ラーニング・コモンズではこれらの学びを支える。この取り組みは協同で学ぶことを目標としているが，この場合，個別で学習する空間は必要ないのであろうか。協同的な学びのプロセスでは，他者とともに学ぶ部分だけではなく，他者と学んだことを基に，一人でじっくりとその内容を省察することが重要になる。また，文献を整理し自分なりの考えを再構築することも必要で，こうした活動も学習プロセスに含まれる。そのため授業外の学習環境は，従来の図書館が持つ静粛を保った個別学習を促す機能と，対話による協同的な学びを重視する機能が共存する形式を持つことが必要となると言える。また，プレゼンテーション大会のテーマに関連する書籍コーナーを用意したり，学習の進め方について質問できるような学習支援のサービスを提供したりすることも考えられる。各大学の設定する目標に適したスペースをデザインし，目標に応じたエリア分け，学習プロセスを支えるために適したモノの配置や学習支援を提供することは，ラーニング・コモンズの活用を成功させる鍵となる。

## 4　学習環境における学習支援のデザインを考える

### (1) ラーニング・コモンズで展開される学習支援

　本項では，ラーニング・コモンズの特徴のひとつである学習支援を取り上げる。日本で学習支援が展開されるようになった歴史はまだ浅いが，北米では1960年代から学習支援が行なわれている（CRLA 2015）。1960年代までの

チュータリングに関する研究知見は文書化されておらず，インフォーマルなサービスや，ボランティアや個人レベルの実施であった。1960年代初旬以降，マイノリティや低収入の学習者向けに政府の助成金を活用し，各大学は特定の学生に焦点を当てた学習支援を公式に開始した（Maxwell 1997）。その後，1970年代に入りカリフォルニア州立大学において，クリスト（Christ 1971）が新しい学習支援モデル（Learning Assistance Support System model）を開発したことをきっかけに，学生によるピアを導入して，これまで限定的であった学習支援を全学生へと向けることが大学間に広まっていった。

学習支援は，チュータリング，メンタリング，スタディグループ，SIが挙げられている（Tinto 2004）。チュータリングはライティングや理工系の学習など，ある学問分野を取り上げそこでの課題を解決することに特化した支援を行なうことが多い。メンタリングは学問分野にこだわらず，履修相談や学習計画の相談等を受け付けている。メンターとチューターの違いについてアービー（Irby 2012）は，次のように述べている。メンターは，対象者との関係性を築くことが重要であり，それが比較的長い間続くことを特徴としている。一方，チューターは，関係性を築くことよりもむしろ，改善すべき事柄が重要となる。そして，比較的明確な目標に沿って，ある一定の期間学習者の支援を行なうことを特徴としている。また，スタディグループは12名程度のグループを作ってチューターが授業の質問を受け付けたり，ともに課題を解いたりする学習グループである。Supplimental Instructionは，履修が困難な科目をグループで受講させ，グループにチューターがつくという制度である。もともとは中退を予防して学生を確保すること（リテンション）を目的として，学習支援は開始されたが，対象が全学生に広がったことから，より優秀な成績で卒業するための支援も展開されるようになった。こうした学習支援の取り組みとして，以下ではライティング支援を事例に取り上げる。

### (2) 日本語ライティング支援の事例

学習支援の一環として，ライティング支援が重視されている背景にはアクティブラーニングの導入が関係している。アクティブラーニングでは，自分が学んだ学習領域に関する高次な認知力が求められているが（溝上 2014），その認知力のひとつとして書く力が挙げられる。学生には，学んだ事柄に対する自分の主張を論理的に説明するための手立てとして書く力が必要である

が，書くことは高次な認知力であるために，学生だけの力でよいレポートを書いたり，論文を執筆したりすることは容易ではない。そこで，大学は初年次教育においてレポートライティングを扱ったり，レポートライティングを支援する組織としてライティングセンターを開設したりするなどして，学生が授業外にも自律的に学び，書く力を培うことを後押ししている。

　平成25年度の文部科学省調査によると690大学（94％）が初年次教育を提供している（文部科学省 2013）。その教育内容は「レポート・論文の書き方等の文章作法」（621大学84％）が最も多く，大学において書く力が重視されていることがわかる（文部科学省 2013）。初年次教育には専門基礎を扱う授業もあるが，ライティング，プレゼンテーション，ディベートといった教育プログラムを広く扱うアカデミックスキル育成型科目が最も多く実施されている（杉谷 2006）。この形態の授業では限られた授業回で幅広い内容を扱うため，授業だけで文章作成の指導を完結することは容易ではない。そのため学生が授業外にレポート作成相談を受けられるライティングセンターを開設する大学が増えている。

　これまでに，関西大学，津田塾大学，早稲田大学，立命館大学，ICU，熊本大学，大阪音楽大学などの大学における図書館内やその他の施設においてライティングセンターが設立されている。日本でいち早くライティングセンターを立ち上げた早稲田大学は，学生だけではなく教員も対象として，英語と日本語のライティング支援を行なっている。この支援を提供しているのは，大学院生，教員，専門職員等が挙げられる。特に多いのが，大学院生がライティングチューターとして勤務することである。ライティングチューターの役割は文章添削ではなく，学生が自分自身の力で課題に気づき，自ら文章を書き直す力を育成することにある（佐渡島・太田 2006）。ライティングチューターは，レポートにおける課題の抽出をし，その改善方法を自ら把握できるような質問を重ねて，レポート作成を支援する。レポート自体を良くすることではなく，書き手自身を良くすることを目標としている。しかし，自律的な書き手を育むことは容易ではない。授業には授業目標があり，その目標を達成するために，教員が直接学生を導くことができる。しかし，学習支援の場合は，ライティングチューターは自律的な学習者を育むことを目指すため，授業目標を達成させるためだけに活動するわけではない。チューターは学習者自身が立てた学習の目標に沿いながら支援する必要がある。ところが学習

者が自ら改善点を把握することができず，自分で目標を立てることが困難な場合も多い。そのため，チューターには自律的な書き手を育てるために，学習者の学習状況と学習者自身の意思から，学習支援の目標を共に立てるような支援が必要になる。単に授業で提示された課題を解けるようになるだけではなく，学生と共に短期や中期の学習目標や計画を立て，学習者がゴールに向かって計画を持って学習していけるように支援することもライティング支援に含まれる。教員と学生という関係性を超え，学習支援には教員，学生，ライティングチューターという関係性をいかに形成していくのかを検討することが求められる。

### (3) 正課と連動した学習支援

　授業と連動する形でライティングセンターを活用する事例も増えてきている。関西大学ライティングラボでは，初年次教育を中心に授業連携数が30件程度になっている。山内 (2013) はこうした正課と正課外での学びを取り上げ，両方の学びがシームレスにつながり，各学生が持つ可能性を十分に発揮できる学習環境の構築が重要だと指摘している。今後，学生の書く力を育むには，大学が正課の授業と正課外に学習支援を担うライティングセンターの接続を円滑に促すことが求められると言えよう。こうした環境を整備することで正課での教授と正課外での学習支援が有機的になされ，学生の書く力の向上に寄与できると考える。

　関西大学では，ライティングラボと名付けたライティングセンターを開設し，チューターがレポート作成を支援している。現在は20名前後のチューターが活動している (2017年7月現在)。扱っている文章は，授業で課されたレポート，発表用レジュメ，スライド，卒論，奨学金の申込願書，留学やゼミの志望理由書などである。ライティングラボは，授業期間中の11時から17時まで開室しており，学生は1セッション40分の相談ができる。

　学生は，文章を書く前の段階からライティングラボを利用することができる。作成前は「何をどのように書けばいいのか？」「構成はどうすればいいのか」「文献をどう探せばいいのか」などの相談が寄せられ，作成後は，「意図をうまく文章で表現できない」「書いている内容を整理したい」「形式や構成がおかしくないか見てほしい」といった相談に対応している。

　岩﨑 (2013) は，初年次教育でライティングラボを活用した結果，学生の

文章表現が豊かになったり，文章のルールを守ったレポートが増えていることを提示している。授業と連携をして指導をする際は，あらかじめレポートで目指している点や考慮してもらいたい点などを，教員が事前にライティングセンターに伝えると，チューターが授業の到達目標に沿った相談を意識しつつ，学生の相談に対応できる。学生が書く力を培うためには，正課の授業を担当する教員と，正課外におけるライティングセンターが情報を共有し，正課と正課外をうまく連携させる必要がある。

## (4) 学習支援を担当する学生スタッフへのトレーニングプログラム

ラーニング・コモンズで学習支援を担うチューターらが質の高い学習支援を提供するためには，各スタッフの育成が非常に重要になる。北米では各大学の学習支援に取り組む組織体が共同してCRLA（College Reading & Learning Association），NADE（National Association for Developmental Education），NCLCA（National College Learning Center Association）などの組織体を構成し，学習支援に関する知見を蓄積する活動を行なっている。CRLAでは国際会議の開催，学会誌の発行，学習支援に取り組む優秀校の選定，チューターへの研修プログラムの開発・認定証の発行を行なうなどして，学習支援に関する知見を高めている。

研修プログラムに関しては，CRLAがチューター向けの研修プログラムInternational Tutor Training Program Certification（以下ITTPC）を開発し，認定証の発行を行なっている。この研修ではチューターの認定をRegular，Level2（Advanced Certification），Level3（Master Certification）の3段階に分けており，各段階において研修内容が定められており，体系化されたプログラムを提供している（CRLA 2012）。ITTPCの設計には，高等教育における専門家団体によるコンソーシアムであるCAS（Council for the Advancement Standards in Higher Education 2010）の提言が役立てられている（Sheets 2012）。CASは高等教育の質を保証するための基準を設定することをビジョンとし，学生への学習，教育プログラム，学習支援を開発，評価，改善するための専門的な評価基準の活用を促している（CAS 2016）。具体的には，学習支援プログラム，社会人学生のための教育と支援，キャリア支援等45分野において，高等教育の質を保証するための基準を提示している。

このように北米では学習支援に携わる組織の連携が行なわれ，学習支援に

携わるスタッフ向けの体系的な研修プログラム開発がされている。これらのチュータリングで重要な事柄としては，学生が自律的な学習者になるため，自分自身で学習のゴールを設定することができるように情報，方略，（学習）資源を提供することとなっている。加えてティント（Tinto 2004）は，正課と連動させた学習支援が有効であるとも指摘している。効果的な学習支援を展開するには正課との連携，自律的な学習者を生み出すためのゴール設定のための情報提供などを的確にチューターができるような研修が求められると言えるだろう。そして，学習者自身も学習支援をどう活用して，自律的な学習を進めていくのが望ましいのかについて検討する機会を設ける必要がある。

## 5　よりよい学習環境を作り続ける取り組み

　本章では教室やラーニング・コモンズを取り上げて，学習環境について考えた。これらの環境をデザインする際は，どのような目標を立てて，どのような学びを育みたいのかを検討する必要があることを述べた。そこから，どのような空間をデザインすればよいのか，どのような什器を準備し，どう配置すればよいのかを検討できる。学習環境を整備したのちは，実際に目標と掲げた力を育むことができる空間となっているのかについて評価をする必要があるだろう。学生グループにヒアリングを実施したり，利用者にアンケートをするなどして，当初の目標に適した，また利用者の実態に即した学習環境となり得ているのかを評価しながら，よりよい学習環境を目指していくことが望ましいと言える。

　また，授業外の学習環境のデザインには，場所のデザインだけではなく，そこで学習者同士の学びが生成するような仕組みや，学生の学びを深めるような工夫が必要となる。たとえば，先に述べたように，ラーニング・コモンズの役割にはアカデミックスキルの支援が挙げられている（河西 2010）。では，授業外の学びを支えるための支援はどこに焦点を当てればよいのであろうか。アカデミックスキル全般を対象とするのか，ライティングスキル，あるいは外国語学習に焦点を絞るのか，正課外の活動も支援するのかなど，扱う分野は非常に幅広い。大学はどういったスタンスで学習支援を行なっていくのかという方向性を十分協議する必要がある。

　加えて，こうした授業外の学習環境で学生支援を行なうとすれば，その行

為主体は誰なのかについても検討することが求められる。これには教職員だけではなく，学生スタッフが関わることが外せないと言えるだろう。ライティングチューターやメンターが活躍するためには，教職員による協力や教職員との連携が欠かせない。学生スタッフの活動の方向性を考え，彼らが自己の活動を省察し，成長していくプロセスを見守る存在が必要である。学生スタッフと教職員が協同することは，学習支援を支える土台となる。

　学生が学習支援をうまく活用して学んでいくためには，授業との連携も考える必要がある。意欲の高い学生は，自分で積極的に学習支援を利用するが，学習支援を利用しようとしない学生もいる。利用しない学生には，利用する方法がわからない場合や，どうすれば自分の学びにつながるのかを明確に認識できていない場合もある。正課外に学習支援を活用するとどのような効果があるのかを学生が認識できる機会を授業の中で設けることも必要である。

　最後に，学習環境で提供する学習支援に関しては，教員や学習支援を担う組織との調整が必要になる。これまで授業は教員と学生で完結していたが，そこに学習支援者という第三者が介入する。教員は学習支援組織とどう連携をとって，学びを深めることが望ましいのかを考えなくてはならない。また最も重要であるのは，学習者が自ら学習目標を立てて，どのように学んでいくのかを考えることである。学習環境デザインの主役はやはり学生自身なのである。

■参考文献

Bonwell, C. and James A. Eison 1991 "Active Learning : Creating Excitement in the Classroom," ASHE-ERIC Higher Education Report No.1, George Washington University, Washington, DC, Council for the Advancement Standards in Higher Education（http : //www.cas.edu/ 2016年12月20日確認）

Christ, L. F. 1971 "Systems for Learning Assistance : Learners, Learning Facilitators, and Learning Centers," F. L. Christ (ed.) *Interdisciplinary Aspects of Reading Instruction*, Fourth Annual Proceedings of the Western College Reading Association, 4, pp.32-41.（published online : 2016）

中央教育審議会 2012「新たな未来を築くための大学教育の質的転換に向けて〜生涯学び続け，主体的に考える力を育成する大学へ〜（答申）」(http://www.mext.go.jp/b_menu/shingi/chukyo/chukyo0/toushin/1325047.htm 2017年1月20日確認）

中央教育審議会 2015「これからの学校教育を担う教員の資質能力の向上について〜学び合い，高め合う教員育成コミュニティの構築に向けて〜（答申）」(http://www.mext.go.jp/b_menu/shingi/chukyo/chukyo0/toushin/1365665.htm 2017 年 1 月 20 日確認）

College Reading & Learning Association 2015 "International Tutor Training Program Certification" (https://www.crla.net/index.php/certifications/ittpc-international-tutor-training-program 2017 年 1 月 5 日確認）

船津衛ほか 2014『21 世紀社会とは何か──「現代社会学」入門』恒星社厚生閣.

井下千以子 2008『大学における書く力考える力──認知心理学の知見をもとに』東信堂.

Irby, B. J. 2012 "Editor's Overview : Mentoring, Tutoring, and Coaching," *Mentoring & Tutoring : Partnership in Learning*, 20, 297-301.

岩﨑千晶・池田佳子 2013「考動力を育む学習環境"コラボレーションコモンズ"のデザイン」『関西大学高等教育研究』4, 9-17.

岩﨑千晶・實渊洋次 2013「初年次教育においてライティングセンターを活用した学生のレポートと TA による相談記録の分析」『第 29 回日本教育工学会全国大会講演論文集』pp.249-250.

加藤浩・鈴木栄幸 2001「協同学習環境のためのインターフェイス」加藤浩・有元博文編著『認知的道具のデザイン』金子書房, pp.176-209.

河西由美子 2010「自立と協同の学びを支える図書館」山内祐平ほか『学びの空間が大学を変える』ボイックス, pp.101-127.

久保田賢一 2013『高等教育におけるつながり・協働する学習環境デザイン──大学生の能動的な学びを支援するソーシャルメディアの活用』晃洋書房.

Maxwell, M. 1990 "Does Tutoring Help? A Look at the Literature," *Review of Research in Developmental Education*, 7, 1-5.

McMullen, S. "US Academic Libraries : Today's Learning Commons Model" (http://www.oecd.org/unitedstates/40051347.pdf 2013 年 3 月 7 日確認）

松下佳代 2010『〈新しい能力〉は教育を変えるか──学力・リテラシー・コンピテンシー』ミネルヴァ書房.

松下佳代・京都大学高等教育研究開発推進センター 2015『ディープ・アクティブラーニング』勁草書房.

溝上慎一 2014『アクティブラーニングと教授学習パラダイムの転換』東信堂.

丹羽さがの・酒井朗・藤江康彦 2004「幼稚園，保育所，小学校教諭と保護者の意識調査：よりよい幼保小連携に向けて」『お茶の水女子大学子ども発達教育研究センター紀要』2, 39-50.

Prince, M. 2004 "Does Active Learning Work? A Review of the Research," *Journal of Engineering Education*, 93, 223-231.

文部科学省研究振興局参事官（情報担当）付 2016「平成 28 年度学術情報基盤実態調査結果報告」（http : // www.japul.org/jittaichosa/2017-03-30-1830 2017 年 4 月 1 日確認）

文部科学省 2013『大学における教育内容等の改革状況等について』（http : //www.mext.go.jp /a_menu/ koutou/daigaku/04052801/1341433.htm 2016 年 5 月 1 日確認）

文部科学省高等教育局大学振興課大学改革推進室 2013「平成 25 年度の大学における教育内容等の改革状況について（概要）」（http : //www.mext.go.jp/a_menu/koutou/daigaku/04052801/__icsFiles/afieldfile/2016/05/12/1361916_1.pdf 2017 年 3 月 4 日確認）

佐渡島紗織・太田裕子 2013『文章チュータリングの理念と実践』ひつじ書房．

Scott, Bennet 2012「高等教育における学習スペースの設計にあたって最初に問うべき質問」加藤信也・小山憲司編著『ラーニング・コモンズ　大学図書館の新しいかたち』勁草書房．pp.103-109.

Sheets, A. R. 2012 "Peer Tutoring and Tutor Training: A Historical Perspective," K. Agee and R. Hodges（eds.）*Handbook for Training Peer Tutors and Mentors*, Cengage Learning, Ohio USA.

杉谷祐美子 2006「日本における初年次教育の動向──学部長調査から」濱名篤・川嶋太津夫編『初年次教育　歴史・理論・実践と世界の動向』丸善．pp.69-79.

山内祐平ほか 2010『学びの空間が大学を変える』ボイックス．

山内祐平 2013「教育工学とインフォーマル学習」『日本教育工学会論文誌』37, 187-195.

【付記】　本章の一部は JSPS 科研費基盤研究（B）JP26282053，（C）16K01143 の助成を受けたものである。

=== コラム3 ===

## ？と！の声が響く授業

　？と思うことがある。
　私は，現在，初任者の指導教員をしているが，初任者のクラスの子どもたちが，2学期も終わりのころになると，授業で「えっ！」とか「おう！」と驚きの声をあげるようになる。年度当初は先生も子どもたちも緊張して，先生は「教えなければならない」とひたすら思い，子どもたちはただおとなしく「教えられていた」のではないだろうかとこの光景を見て感じる。
　授業を参観していると自分の現職時代を思い出す。現場は忙しく，次から次と「教えなければならないこと」が押し寄せてきた。そんな中，「教えなければならないこと」ばかりに目が向き，「さあ，1時間目は国語。第1場面の登場人物の気持ちを行動や会話に着目して読み取るよ。音読して」「2時間目は算数。ことばの式をもとに，（　）を使ってひとつの式に表わすよ。さあ，ことばの式を考えてみよう」と矢継ぎ早に教えていた。子どもたちの「知りたい」「学びたい」気持ちを大切にしなければならないことは百も承知だが，その思いと授業がかけ離れてしまうことも多かったと思う。ところが，「はじめに教材ありき」ではなく，「はじめに子どもありき」と意識を転換するだけで，授業はたやすく，？と！の声が響くアクティブなものになると気づいた。これは，これまで多くの実践者たちも大事にしてきたことである。そんなことを現在，初任者の先生に伝えている。
　たとえば，4年国語に椎名誠・作「プラタナスの木」という教材がある。単元の目標は「心に残ったことを感想文に書こう」である。すると，教師は感想文の指導法に目が向いてしまう。しかし，子どもは感想文を書きたいと思っているだろうか。子どもに感想文を書きたいと思わせることが先決である。そこで，まず，プラタナスの木を知らない子どもにそれを教えることから始めたらいいと助言した。先生が「プラタナスの木はどんな木だと思う？」と発問しただけで，子どもたちはざわめいた。「大きいのかな。小さいのかな」「幹はこれくらいかな？」と幹の大きさを板書すると，「おう！」と声をあげる。その後インターネットで検索させると，歓声があがった。そうすると，「この木がさか立ちするだろう。すると，木のみきや枝葉と同じぐらいの大きさの根が出てくるんだよ」というおじいさんの言葉に子どもの心が動く。このようにして，子どもに感想を書きたい気持ちを醸成していく。この1時間目が終わって，「おじいさんは，プラタナスの木の精だったのかな？」と感想を言った子どもがいた。「心に残ったことをこんな書き方で書きなさ

い」と言う前に，書きたいことが心に残るようにするべきであると，私は思う。

　算数で「面積」の単元がある。子どもに，「長さ」という1次元の世界から「面積」という2次元の世界に出会わせる単元だ。そこで，初任者の先生に，周りの長さが等しい正方形と長方形はどちらが広いだろうと予想させてはどうかと助言した。子どもたちは，28名中27名が「同じ」と予想した。その後子どもたちは，「どうだろう？」と調べたくなって広さを調べる活動をする。結果的に「あれっ！」と思う。そして，「周りの長さでは，広さは比べられないことがよくわかりました」と振り返り，面積との出会いをすることができた。子どもと教材をつなぐ「予想をさせること」は，大変効果的だ。

　私は，自分の実践を振り返ってみた。すると，研究授業記録（2年「分数」）に，たくさんの？と！が記録されていた。「あっ！　わかった」「おもしろそう！」「レベル1だって！」「どきどき！」「よっしゃ！」「え〜？」「わからん？」「わかった！」「イエーイ！」。低学年らしい？と！の声が響いていた。この授業にあたって教材研究をするとき，子どものことを常に頭においていたことを思い出した。「子どもはどう受け止めるだろう？」「どんな活動をしたら楽しくわかるだろう？」「そうだ！」「いいかも！」と。

　「？と！の声が響く授業」をするためには，まず，教師が「？と！」を繰り返して，「はじめに子どもありき」の教材研究をし，子どもと教材をつないだらどうだろうか。小学校に入学したばかりの，授業初めの小学生の心はまだ学習に向いてはいないのが普通だ。子どもに「このこと知ってる？」「何か知ってる？」と発問するだけでも，「なんだろう？」「それなら知ってるよ！」と興味がわく。そうしながら目の前の子どもにしっかり向き合えばいい。教材の面白さを知っている教師なら，わくわくして教えることができ，子どもたちは考え始める。そして，！の声が響いてくると，授業は佳境に入る。そうできたら，教師は一人前だ。

　NHKの「ブラタモリ」の番組では多くの？と！が出てきて面白い。これと授業は似ている。？を起こし，徐々に気づかせ，！まで高めることが大切だ。？のないところに！はない。

　？とは知的好奇心であり，！とは知的感動である。

（元小学校教諭・新任研修指導員）

# 第5章
# ICT活用の基本的理念

## 1　ICT活用の目的

　教員は，児童・生徒がそれぞれの可能性を存分に発揮して幸せな人生を歩んでいくことを願い，より質の高い教育を実践しようと日々努力することになる。より質の高い教育を実践する際に，教員にとってきわめてパワフルな武器となってくれるもの，それはICTである。

　本章では，ICTを活用して教育の質を高めようとする際に知っておくべきICTの基本的な特長や，ICT活用の理論的・実証的基盤について見ていこう。なぜICTを活用すれば教育の質を向上させることができるのか，ICT活用の効果は本当に実証されているのかといった，実際に教育へのICT活用に取り組もうと思ったときに抱く疑問に対する答えを，本章で得られる知識を使って自身の中に構築していただきたい。

### (1) いま育むべきもの

　われわれの日々の生活にコンピュータやインターネットといった情報通信技術（Information and Communication Technology：以下，ICT）が急速に浸透している。わが国全体で見ると，インターネットの利用者数は1億人を超えており，人口普及率で言えば8割を超えている。たとえば読者が買い物をするとき，興味を持ったことを調べるとき，友達と待ち合わせのために連絡をとるとき，割り勘の計算をするとき，気晴らしに音楽を聴こうとするとき，その指先は何に触れているだろうか。多くの場合，スマートフォンなどのICT機器に触れているのではないだろうか。このことに端的に示される

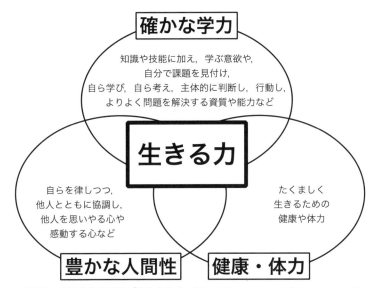

(出所) 文部科学省 2003『確かな学力』(http://www.mext.go.jp/a_menu/shotou/gakuryoku/korekara.htm 2017年3月31日) より引用。

図5-1 生きる力の概念図

ように，ICTの普及によりわれわれの行動の仕方は大きく変化し，生活の利便性は確実に向上している。

このように急速にICTが浸透し，またグローバル化が進展する変化の激しい社会を担う児童・生徒が身につけるべきものとされるのが，生きる力(文部科学省 2003) である。生きる力とは，確かな学力，豊かな人間性，健やかな体の3要素からなる力（図5-1を参照）であり，現行の学習指導要領がその育成目標としているものである。

(2) 生きる力を育む教育とICT

児童・生徒が必要としている力，すなわち生きる力を確実に育むためにはどうすればいいのだろうか。たとえば生きる力を構成する確かな学力には，自ら考え主体的に判断し行動する力が含まれているが，これはいかなる方法で育成できるものなのだろうか。「教師の口や教科書から流れる膨大な量の知識の受容」(田中 1996：143) が展開される従来型の授業では，児童・生徒が主体的に判断し行動する力が授業内で活用され高められる機会が少ないこ

とから，そのような力の育成は難しいだろう。

　上記の問いに対する答えのひとつがICTを活用した教育である。次項で述べるようなICTが持つ優れた特性は，学びのあり方を根本的に変える力を持つ。ICTを活用することにより，これまでの教育方法ではなしえなかった学びが実現されるのである。

## (3) ICTの基本的特性

　生きる力を育むことを可能とするようなICTの優れた特性とはどのようなものだろうか。コンピュータが持つ柔軟性はきわめて大きく，それを使う人間のアイデア次第でさまざまな優れた特性を引き出すことができるが，2020年代に向けた教育の情報化に関する懇談会（2016）の考えに依拠すれば，次のようなものが指摘できるだろう。

- **時間的・空間的制約を超えること**　学びの場に時間的・空間的な柔軟性を与えることであり，児童・生徒が同じ時間・同じ場所に集まることが学びの前提となっていた従来型の学習環境をより自由にすること
- **双方向性を有すること**　情報の伝達方向が一方向に固定されておらず，情報の受信・送信を互いに行なうことができること
- **多様な情報を扱えること**　抽象的な言語情報を扱えるのみならず，それがデジタル化できるものでありさえすれば，3次元の視覚的情報や触覚情報などのようなあらゆる情報を扱えること
- **大量の情報を扱えること**　音声，静止画，動画といった，文字と比較して情報量の多いメディアを扱えることや，膨大な学習履歴等のデータをきわめてコンパクトな形態で貯蔵し，それを効率的に活用できること
- **情報の主体的な活用ができること**　すでに作り出された情報を受容するのではなく，情報を積極的に取捨選択しながら新たに情報を作り出したり表現したりできること
- **繰り返し試行錯誤できること**　貯蔵されている情報がどれだけ繰り返し利用されたとしても，もとの情報が減損することはないので何度でも利用できることや，情報にどれだけ変更が加えられたとしても，いくらでも元の状態に戻すことができること
- **入出力情報の記録ができること**　児童・生徒の思考の過程や結果を可視

化して蓄積することが容易であるということ
・**高速であること**　情報の処理や伝達の速度が高く，待ち時間なしに円滑に情報の処理・伝達が行なえること

　ICTに備わっているこのような特長を引き出す形でICTを活用するとき，ICTは教員にとってのパワフルな武器となりうるのである。

## 2　教育へのICT活用とは

　前節では，何を目的として教育にICTを活用するのか，そもそもICTには教育において活用するのに値するような，いかなる優れた特性が備わっているのかについて見てきた。本節では，ICT活用の内実に踏み込み，教育へのICT活用にはどのような形態のものがありうるのかを概観しよう。
　教育にICTを活用することは，教育の情報化とも呼ばれている。教育の情報化とは，より質の高い教育を行なうために，情報教育，教科指導でのICT活用，および校務の情報化という3つの取り組みを進めることを指す。

### (1) 情報教育

　情報教育とは，情報活用能力を育成するための教育である。情報活用能力は，日常的にパソコンやスマートフォンといったICTを利用する社会において必要なものであり，情報リテラシーとも呼ばれる。「教育の情報化に関する手引き」（文部科学省 2010）ではそのうち「情報活用の実践力」，「情報の科学的な理解」，「情報社会に参画する態度」という3要素をバランスよく育成することが目標とされている。
　情報活用の実践力は，3つの要素より構成されている（文部科学省 2002）。第1の要素は，必要に応じて情報手段を使いこなす能力である。これは情報機器を適切に扱う能力だけでなく，現在取り組んでいる課題がそもそもコンピュータやインターネットを利用して遂行すべきものであるかを判断する能力や，適切な情報手段を選ぶ能力を含むものである。第2の要素は，情報を主体的に収集・判断・表現・処理・創造する能力である。子どもにとって身近で具体的な問題を解決する活動の中で収集・判断・表現といった一連の能力が用いられることにより，これらの能力は育まれるものである。第3の要

素は，受け手の状況を踏まえて情報を発信・伝達する能力である。これは，情報を発信・伝達する際，発信先・伝達先の人間にとってわかりやすいものとなるように，また，不快な思いをさせることがないようにできること，言い換えればコミュニケーションの相手に配慮できることを指している。

情報活用の実践力が育成されると，児童・生徒が ICT を学習の道具として活用することができるようになり，彼らが主体的に情報を収集したり表現したりすることが容易になることから，能動的な学びであるアクティブラーニングが実践されやすくなる（長谷川 2015）。

情報の科学的な理解は，2つの要素からなっている。第1の要素は，情報活用の基礎となる情報手段の特性の理解である。これはインターネットやコンピュータといった ICT の特性について正しく理解し，その長所や短所を適切に把握することであり，ICT の使い分け・使いこなしを下支えするものである。第2の要素は，情報を適切に扱ったり自らの情報活用を評価・改善したりするための基礎的な理論や方法の理解である。これはよりよく情報を活用するための問題解決の技法，情報の表現技法，人間の認知などについての基礎的な理論や方法を理解していることを指す。

情報社会に参画する態度は，第1に社会生活の中で情報や情報技術が果たしている役割や及ぼしている影響の理解，第2に情報モラルの必要性や情報に対する責任，第3に望ましい情報社会の創造に参画しようとする態度から構成されている。

コンピュータやインターネットの仕組みを理解し，またそれらに関する基礎的な理論や情報社会でのあるべき態度を身につけることにより，学習場面においても児童・生徒が目標達成のために適切に ICT を利用可能になるのである。

### (2) 教科指導における ICT の活用

教科指導での ICT 活用とは，各教科の内容を授業でわかりやすく説明したり，学習への動機づけを高めたりすることなどのために，ICT をツールとして効果的に用いることである。その具体的な活用法については第6章を参照してほしい。

ここでの ICT 活用には，教員によるものと児童・生徒によるものとが指摘できる（文部科学省 2010）。教員による ICT 活用としては，教員が授業時

間外に，学習指導の準備や評価などのために ICT を用いる場合もあれば，一斉学習場面での指導のために ICT を用いる場合もある。児童・生徒による ICT 活用としては，学校内や家庭において ICT を用いて個別学習に取り組んだり，教室内の子ども同士が協働学習に取り組んだりするものがある。

### (3) 校務の情報化

校務の情報化とは，教職員が校務を効率的に行なうために ICT をツールとして効果的に用いることである。2013 年度の OECD 国際教員指導環境調査によれば，わが国の教員の 1 週間あたりの仕事時間は 53.9 時間（参加国平均 38.8 時間，以下括弧内は参加国平均）で調査参加国中最も長い。その内訳を見ると，指導に使った時間 17.7 時間（19.3 時間），授業の計画や準備 8.7 時間（7.1 時間），一般的事務業務 5.5 時間（2.9 時間），学校運営業務 3.0 時間（1.6 時間）などとなっている。教員として指導を行なう時間は参加国平均より少なく，たとえばアメリカの 26.8 時間と比較して 30％以上少ないが，それ以外の業務の時間が非常に長くなっている。これはわが国の教員が多忙であり，しかもその多忙さは残念ながら教員本来の役割である指導業務による多忙さではないことを示すものである。

このような多忙さは，ICT の特長である繰り返し大量の情報を高速に扱えることを校務に活かすことにより解消可能である。日本教育工学振興会 (2007) の調査によれば，ICT を校務に導入することにより，情報が再利用できミスが減ったり作業に要する時間が少なくなったりすること，教育委員会や保護者，他校との情報共有がスムーズになること，作業の効率化により児童・生徒と直接関わる時間が増えることなどが明らかになっている。これまで非効率であった作業の効率化がなされれば，教員が事務作業等にかけていた労力と時間を児童・生徒との関わりに投入することができ，より質の高い教育が実現することになるのである。ただし，学校で扱われる情報にはきわめて重要な個人情報が含まれていることから，ICT を活用してそれらの情報を取り扱う際には外部への情報漏洩といった大きな問題が起こらないよう特別な配慮が必要となることにも留意しなければならない。

## 3 ICT活用導入のこれまでの流れ

前述のようにICTが浸透することによりわれわれの社会や日々の生活は大きな変化を見せており，そのような情報化は教育においても着実に進展してきている。ここでは教育の情報化がどのように始まり，どのように進んできたのかを教育課程の改革，情報機器の整備，教員のICT活用指導力という3つの観点から検討していく。

### (1) 教育課程の改革

まずは，教育課程にICTがどのように導入されてきたのかを，教育課程編成の基準である学習指導要領を軸として概観していこう。

現在最も普及しているOSであるWindowsを開発しているMicrosoft社は1975年に創立された。その5年前の1970年に告示された高等学校学習指導要領では早くも数学科・商業科・工業科においてコンピュータの機能やプログラムの作成が扱われている。

16ビットパソコンの名機PC-9801（NEC社）が登場したのは1982年の10月である。その翌年の1983年には中央教育審議会の教育内容等小委員会審議経過報告において，情報化といった激しい社会の変化に対応するためには「主体的に目標を設定し，必要な情報を選択，活用していく能力」の育成が必要であるとの議論がなされた。また1985年6月の臨時教育審議会第1次答申においては，社会の情報化が人びとにとって有用なものであるためには，情報を主体的な選択により使いこなす力を身につけることが必要であると提言されている。さらにその第2次答申では，そのような力を情報活用能力（情報リテラシー）と定義づけ，情報活用能力が読み書き算盤に並ぶ基礎的な力であり，学校教育において育成すべきものであるとの提言がなされている。これらの答申を受け，1989年告示の学習指導要領では中学校の技術・家庭科において「情報基礎」が選択領域として新たに設置されるとともに，社会科や理科等の関連教科では情報に関する内容が取り入れられている。このとき，高等学校学習指導要領においても積極的にコンピュータを活用することが推奨されていたが，小学校学習指導要領においてはまだそのような記述は見られなかった。

現代の私たちに幅広いインターネットサービスを提供している Google 社が創立されたのは 1998 年である。同年（高等学校学習指導要領は 1999 年）に告示された学習指導要領では，小学校・中学校・高等学校，盲・聾・養護学校の小・中・高等部においてコンピュータやインターネットを使用した学習を行なうことが推奨されるようになっている。また，画期的な出来事として，情報教育を専門に行なう「情報科」が高等学校の普通教育および専門教育において新設されている。

　現在に至るスマートフォンの爆発的な普及を推し進めた iPhone（Apple 社）がわが国で発売されたのは 2008 年である。同年（高等学校学習指導要領は 2009 年）告示の学習指導要領では，情報教育および ICT を活用した各教科の指導についてさらなる全面的な充実がなされている。

### (2) 機器の整備

　前項で見たような教育課程の改革を実現するためには，ICT の活用を可能にするためのインフラの整備がきわめて重要な課題となる。そのような情報機器の整備がこれまでどのように進んできたのかを，「教育の情報化元年」と言われる 1983 年より（田中 1996）文部科学省が実施している「学校における教育の情報化の実態等に関する調査」の結果に基づき見ていこう。

　近年の教育用コンピュータ設置状況の推移を図 5-2 に示す。2000 年 3 月には小学校，中学校，高等学校，特別支援学校において，それぞれ 22.2 台，11.2 台，10.3 台，7.7 台であった児童生徒 1 人あたりの教育用コンピュータが，2016 年 3 月にはそれぞれ 7.7 台，6.2 台，5.0 台，3.0 台となっており，順調にハードウェアの整備が進行していることが分かる。ただし近年は横ばい状態となっており，今後は 1 人 1 台体制を目指した整備のための格段の取り組みがなされることが望まれるところである。なお，近年急速に導入が進んでいるのはコンピュータの中でもタブレット型コンピュータであり，2015 年 3 月では約 16 万台の導入だったものが，2016 年 3 月では約 25 万台となっている。

　図 5-3 に示されているのは，普通教室における校内 LAN 整備率の推移である。2001 年 3 月には小学校，中学校，高等学校，特別支援学校においてそれぞれ 6.5％，7.1％，14.6％，12.0％と，非常に低い値であったが，2016 年 3 月にはそれぞれ 86.1％，85.4％，94.9％，93.6％と整備率が順調に向上

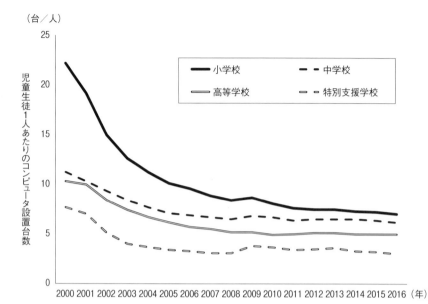

（出所）文部科学省による学校における教育の情報化の実態等に関する調査より作成（http://www.mext.go.jp/b_menu/toukei/chousa01/jouhouka/1259933.htm）。

図5-2　教育用コンピュータ設置状況の推移

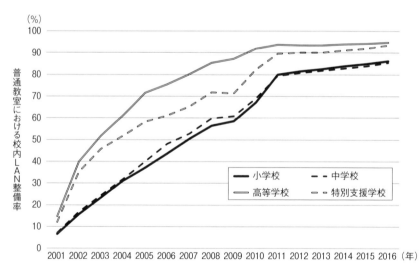

（出所）文部科学省による学校における教育の情報化の実態等に関する調査より作成（http://www.mext.go.jp/b_menu/toukei/chousa01/jouhouka/1259933.htm）。

図5-3　普通教室におけるネットワーク整備率の推移

している。ただしより接続が容易な無線LANの整備は遅れており，近年向上傾向にあるものの，2016年3月で26.1％（全体の平均）にとどまっているのが現状である。

### (3) 教員のICT活用指導力

　教育の質をよりいっそう高めるためにICTは強力な武器となってくれるものであるが，教員はこの武器を十分使いこなせるようになっているのだろうか。教員のICT活用指導力は，文部科学省によりチェックリストを用いて調査をされ，その実態が明らかにされている。表5-1では，チェックリストの質問5領域18項目と，各質問に対して「わりにできる」または「ややできる」と回答した教員の全体に占める割合が示されている。5領域のうち，値が高いのはAやEのような授業外で教員自身が授業準備や校務などのためにICTを活用する能力である。一方，BやCといった授業中にICTを使って指導する能力や児童・生徒のICT活用を指導する能力はそれ以外と比較して低くなっている。

　近年はICT機器が使いやすさを考慮したものになっているとはいえ，ICT機器を道具として存分に使いこなせるようになるためには技能の熟練が必要となる。技能の熟練には時間と労力と費用の投資が必要となるが，そのような自己の技能への投資は，それが生む生涯にわたるメリットが非常に大きいものであることから，十二分にもとがとれるものとなるだろう。また，ICT機器を使った学習を指導するためにはきわめて綿密な準備が必要となるため，教員個々の努力にのみ頼っていてはICTの十分な活用は望めない。ICTなしには実践しえなかった豊かな教育を実現するため，ICT機器の活用に向けて組織的な取り組みがなされることが必要である。

## 4　ICT活用の理論的基盤

　前節では，教育におけるICTの活用がどのように進んできたのかの流れを見てきた。本節では，そのようなICTの教育への活用がどのような理論的基盤に支えられているのかを考えていこう。

表5-1　ICT活用指導力のチェックリスト

| | | 「わりにできる」若しくは「ややできる」(%) |
|---|---|---|
| A | 教材研究・指導の準備・評価などにICTを活用する能力 | |
| A1 | 教育効果をあげるには、どの場面にどのようにしてコンピュータやインターネットなどを利用すればよいかを計画する。 | 75.8% |
| A2 | 授業で使う教材や資料などを集めるために、インターネットやCD-ROMなどを活用する。 | 89.2% |
| A3 | 授業に必要なプリントや提示資料を作成するために、ワープロソフトやプレゼンテーションソフトなどを活用する。 | 86.2% |
| A4 | 評価を充実させるために、コンピュータやデジタルカメラなどを活用して生徒の作品・学習状況・成績などを管理し集計する。 | 81.6% |
| B | 授業中にICTを活用して指導する能力 | |
| B1 | 学習に対する生徒の興味・関心を高めるために、コンピュータや提示装置などを活用して資料などを効果的に提示する。 | 77.7% |
| B2 | 生徒一人一人に課題意識をもたせるために、コンピュータや提示装置などを活用して資料などを効果的に提示する。 | 71.7% |
| B3 | わかりやすく説明したり、生徒の思考や理解を深めたりするために、コンピュータや提示装置などを活用して資料などを効果的に提示する。 | 74.2% |
| B4 | 学習内容をまとめる際に生徒の知識の定着を図るために、コンピュータや提示装置などを活用して資料などをわかりやすく提示する。 | 70.3% |
| C | 児童のICT活用を指導する能力 | |
| C1 | 生徒がコンピュータやインターネットなどを活用して、情報を収集したり選択したりするように指導する。 | 73.7% |
| C2 | 生徒が自分の考えをワープロソフトで文章にまとめたり、調べた結果を表計算ソフトで表や図などにまとめたりすることを指導する。 | 64.4% |
| C3 | 生徒がコンピュータやプレゼンテーションソフトなどを活用して、わかりやすく説明したり効果的に表現したりできるように指導する。 | 62.4% |
| C4 | 生徒が学習ソフトやインターネットなどを活用して、繰り返し学習したり練習したりして、知識の定着や技能の習熟を図るように指導する。 | 64.2% |
| D | 情報モラルなどを指導する能力 | |
| D1 | 生徒が情報社会への参画にあたって責任ある態度と義務をはたし、情報に関する自分や他者の権利を理解し尊重できるように指導する。 | 79.4% |
| D2 | 生徒が情報の保護や取り扱いに関する基本的なルールや法律の内容を理解し、反社会的な行為や違法な行為などに対して適切に判断し行動できるように指導する。 | 80.8% |
| D3 | 生徒がインターネットなどを利用する際に、情報の信頼性やネット犯罪の危険性を理解し、情報を正しく安全に活用できるように指導する。 | 81.1% |
| D4 | 生徒が情報セキュリティに関する基本的な知識を身に付け、コンピュータやインターネットを安全に使えるように指導する。 | 74.4% |
| E | 校務にICTを活用する能力 | |
| E1 | 校務分掌や学級経営に必要な情報をインターネットなどで集めて、ワープロソフトや表計算ソフトなどを活用して文書や資料などを作成する。 | 84.0% |
| E2 | 教員間、保護者・地域の連携協力を密にするため、インターネットや校内ネットワークなどを活用して、必要な情報の交換・共有化を図る。 | 74.7% |

（出所）　文部科学省2007『教員のITC活用指導力の基準（チェックリスト）』(http://www.mext.go.jp/a_menu/shotou/zyouhou/1296901.htm 2017年3月31日）より引用)。

### (1) 宣言的知識と手続的知識

われわれが何かを学ぶということは，われわれの脳内に知識が構築され，それが必要なときに利用できるようになっていくことであると捉えることができる。そして，構築される知識の種類が異なれば，その学び方も変わってくる。

われわれが持つ知識は，宣言的知識と手続的知識に大きく区分することができる（Cohen and Squire 1980）。宣言的知識とは，知識そのものについて言葉や絵，身振りなど何らかの形で表現することができる知識のことである。たとえばユーラシア大陸は六大陸の中で最も大きいという事実に関する知識や，理科の実験で鮮やかな緑色の炎を見たといった出来事に関する知識は，宣言的知識に含まれる。

一方，手続的知識は知識そのものについて表現することが難しい知識のことで，その存在が行動を通して示されるものである。たとえばキーボードで文字を素早く正確に入力することができる人であれば，その人はキーボード入力のための手続的知識を持っているということになる。その人がキーボードのどの位置にどのキーがあるのか，ホームポジションと呼ばれる指の位置はどのようなものかを言葉で適切に表現できたとしても，それは宣言的知識を持っていることを示すにすぎず，手続的知識を持っているということにはならない。

両者のうち，宣言的知識はその内容を直接表現できるものであることから，授業で教員の話を聞いたり本を読んだりウェブサイトを訪れたりすることによって獲得することができる。一方，手続的知識はその内容を語ることができないものであり，話を聞いたり本を読んだりして知識を直接獲得することは望めない。手続的知識を獲得するためには，宣言的知識として必要な知識を獲得し，それを手続的知識に変換するという「手続化」を行なう必要がある。宣言的知識を用いて，じっくりと試行錯誤をしながら何度も繰り返し課題を遂行していると，新たな手続的知識が構築され，速度が高くエラーが少なく滑らかな課題遂行ができるようになってくるのである（Anderson 2007）。

手続的知識はその運用が高速で無意識のうちに行なわれるものであり，望ましい問題解決のための頭の使い方といった認知的技能や逆上がりのような身体的技能の円滑な発揮を支える重要なものである。児童・生徒にとって，手続的知識の構築が容易となる環境を実現するためには，実際に試行錯誤を

しながら知識を繰り返し運用する環境を整える必要があるが，そのことを可能にするのがICT活用である。ICTが持つ「時間的・空間的制約を超えること」「繰り返し試行錯誤ができること」という特長により，教室にいるとき以外でも，満足のできるまで繰り返し試行錯誤をし課題に取り組むことができる。また，「情報の主体的な活用ができること」というICTの特長により，与えられた情報を受容するのではなく自分自身で主体的に情報を選び，組み合わせ，創造し，表現することにより，その際に必要となる手続的知識を構築することができるのである。

### (2) 知識のレベル

　田中（2002）によれば，前項で見た宣言的知識・手続的知識といった知識はさらに4つのレベル（レベル0〜レベル3）に分類することができる。

　レベル0の知識は，最も原初的な知覚−運動レベルの知識である。ある物事の現物に接しその物事の属性・特徴を体験することを通して，ある物事についてのレベル0の知識が得られることになる。たとえば初めて英語に接したとき，褒められたり，みんなとコミュニケーションをとったりすることを通して楽しみを感じると，英語は楽しいという原初的な知識が得られる。ただし，ここでは説明のために「楽しい」という言葉を使っているが，レベル0の知識においては言語が働いている必要はなく，快・不快のような情動が中心的な心理学的機能を果たしている。

　レベル1の知識は，現物そのものではないが現物の一部の特徴（たとえば視覚的特徴）を含むものを使った知識のことである。ここでは現物そのものに接する必要はなく，その現物を指し示すサインを用いて知識獲得がなされることになる。たとえば太陽系に属する惑星群すべての現物を教室で見ることは現在できないが，それらの視覚的特徴を写し取った模型を用いれば，それらの惑星の特徴について知識を得ることが可能である。

　レベル2・レベル3の知識では，対象と主体との間に表象が介在することになる。表象とは目の前にあるものから離れた，頭の中で表現されたもののことである。たとえばわれわれは，実際に太陽や月，地球を目の前にせずとも，頭の中に想像上の太陽や月，地球を配置し，太陽や月を自在に動かして月の満ち欠けの様子をシミュレーションすることができるが，ここでの想像上の太陽や月，地球が表象にあたる。

表象にはしばしばラベルが付与される。恣意的で他者には理解されないようなラベルが付与された表象が介在する場合の知識はレベル2の知識と呼ばれ，社会の中で公共に用いられるラベルが付与される表象が介在する場合にはレベル3の知識と呼ばれる。たとえば満月が地球の影に完全に入り，月の色が赤く変化する現象に皆既月食という公共に用いられるラベルがつけられた場合，この知識はレベル3の知識となる。一方，自分で勝手に考案した月の赤面現象というラベルがつけられた場合，この知識はレベル2の知識となる。

　表象にラベルが付与されると，その知識はラベルを介して自在に運用可能なものとなり，それらを組み合わせてより高度な知識を作り出すこともできるようになる。そしてレベル3の知識ともなると，そこにつけられたラベルが公共性を持つものであることから，それは他者とのコミュニケーションが容易な知識となる。

　これら4レベルの知識のうち，教育場面において知識を効率よく伝達することを重視するのならば，レベル3の知識が用いられるべきであり，実際，教員による講義や教科書の記述はその多くがレベル3の知識に分類できるものである。しかしながら，教育場面において重視されるべきであるのは知識の効率的な伝達ばかりではない。前述したように，いま育むべきものは生きる力であり，そこには感動する心，思いやる心，学ぶ意欲といった情動に深く関わる心的活動が含まれている。このような心的活動はレベル0やレベル1の知識に基づくものであることから，教育場面においてはこれらの知識も同時に扱うことが重要となる。このような異なる複数のレベルの知識を両立させるという基本的には不可能な課題（知識表象のパラドックス〔田中 2015〕）を解決するには，学習環境を整備し，異なるレベルの知識を児童・生徒自身で行きつ戻りつできるようにすることが必要である（田中 2016）。そしてそのような学習環境は，ICTの特長を活かすことにより実現が容易となる。すなわち，ICTが持つ「多様な情報を扱えること」「大量の情報を扱えること」「双方向性を有すること」という特長により，より具体的で現実に近い状況で，情動を伴った形で事物に触れることが可能になり，しかも同時に，高度に抽象的な情報にも触れることが可能になるのである。

### (3) 学習環境が備えるべき要件とICT

　グローバル化や情報化が進展するにつれ，われわれの社会はますます予測

不可能なものとなってきている。そのような傾向が加速する未来に生きる児童・生徒が身につけるべきものは，社会のあり方や仕事のあり方，生き方が一変したとしてもそれに柔軟に対応することができる力，生きる力である。そして，そのような柔軟な適応力を育むための学習環境が備えるべき要件として，ブランスフォード，ブラウン，クッキング（2002）は学習科学の成果に基づき次の4点を挙げている。

- **学習者中心**　各学習者がすでに持っている知識や経験，技能や態度，信念や文化に注意を払い，それらを理解・尊重すること
- **知識中心**　単に目の前の課題をこなせるようになることを重視するのではなく，深い理解に基づく学習を通して統合された転移可能な知識を構築することを重視すること
- **評価中心**　フィードバックを適切に与えたり，修正の機会を持たせたり，児童・生徒が自分自身を評価できるようになることを重視すること
- **共同体中心**　学習者が属している教室や学校，家庭や地域のあり方が学習に促進的・妨害的な影響を及ぼすことに留意し，それらが学習に促進的な効果をもたらすように工夫すること

これらの要件を実現する際に，ICTは非常に重要な役割を果たすことになる。たとえば学習者中心・評価中心の学習環境を実現する際には，ICTの「入出力情報の記録ができること」という特長を活かして，各児童・生徒の思考の特徴を詳細に把握することが役立つだろう。また，知識中心の学習環境を実現する際には，ICTの「情報の主体的な活用ができること」という特徴を活かして，主体的で深い学びを導入することが必要となる。さらに，共同体中心の学習環境を実現する際，特に学外の共同体との連携を行なう際には，「時間的・空間的制約を超えること」「双方向性を有すること」「高速であること」というICTの特長が存分に発揮されることになることが容易に理解されるだろう。

### (4) 学習・記憶の方法

アメリカ合衆国教育省下の教育科学研究所は，これまでの記憶・学習研究の成果に基づく教育実践ガイドを作成している。（Pashler et al. 2007）。これ

は児童・生徒が何かを記憶・学習することを容易にするための，エビデンスに基づくおすすめの覚え方や教え方をまとめたもので，たとえば次のようなものが挙げられている。

- **分散効果**　学習内容の中で特に重要な部分を特定し，最低数週間（できれば数か月）以上期間をあけてから少なくとも1回復習すると，記憶が長期間持続するようになる
- **テスト効果**　空欄補充式や記述式の小テストを実施し，フィードバックを与えると，記憶が長期間持続するようになる
- **図表の利用**　言語による説明にそれと関連する図表を組み合わせると，学習が促進される
- **深い質問**　基本的な知識が獲得された後，出来事の因果関係やメカニズムに関する質問などのような深い説明を求める質問をすることにより，深い理解が促進される

これらのうち分散効果を有効に利用するためには学ぶべき情報を間隔をあけて複数回提示したり復習をするための時間を確保したりすることが必要となるが，これらはICTの特長である「時間的・空間的制約を超えること」を活かせば学校外での学習により可能となる。また，テスト効果を有効に利用するためには，回答の正誤を素早くフィードバックすることが必要になる。教員が多量の小テストを正確かつ高速に採点し続けることは容易ではないが，ICTの特長である「高速であること」はこれを容易にするものである。図表の利用はICTの「多様な情報を扱えること」により容易に実現可能である。深い質問の効果を利用する際には，たとえばインターネット上の掲示板のような「双方向性を有すること」「高速であること」といったICTの特長を活かした機能を用いれば，互いの考えについて学んだり，互いの考えに対してコメントをしたりすることによって社会的相互作用を通したより深い学びを実現することが可能となる。

## 5　ICT活用の実証的基盤

ここまで見てきたように，教育にICTを活用することには確固とした理

論的裏づけがあるが、しばしば現実は理論と乖離(かいり)するものであり、実態を確かめてみると理論どおりに進んでいるとは限らないこともしばしばある。そして、ICT活用の効果に対してもそのような批判的な目を向けるのは健全で望ましいことであろう。そこで本節では、ICT活用には本当に教育の質を高める効果があるのかを検討する。

## (1) ICTの整備・利用の効果

　国によってICTの整備状況は異なっており、利用可能なコンピュータの数や実際に児童・生徒がコンピュータやインターネットを使用して学んでいる程度は異なる。このような国ごとの相違を利用すると、ICTの整備状況や使用状況と、教育の成果との関連を検討することができる。ここでは経済協力開発機構（OECD）が実施しているPISA（Programme for International Student Assessment）のデータ（経済協力開発機構編著 2016）に基づき、ICTの活用と学習成果との関係を見てみよう。

　まず、生徒1人あたりのコンピュータの平均台数と、紙媒体で調査した際の読解力（筆記型調査読解力）との相関係数は0.56、コンピュータの平均台数とコンピュータ上で調査した際の読解力（デジタル読解力）は0.36となっており、いずれも正の相関が見られている。これはICTのための設備が整っている国の生徒ほど、読解力が高いことを示すものであるが、ICTのための設備が整っている国は一般に経済力の高い国であり、そこではICT以外の教育資源も同様に整っていることから、このデータからだけではICT活用の効果が十分に示されているとは結論できない。そこで、各国の経済力の効果を除外するために1人あたりGDPの影響を取り除いた後の偏相関係数を算出すると、筆記型調査読解力との偏相関係数は0.17、デジタル読解力との偏相関係数は0.10と無相関に近づいたものとなる。これらのデータから、単純にコンピュータの設置状況が改善されれば学力が向上するわけではないことが示されている。

　次に、生徒が学校でウェブサイトの閲覧やEメールの送受信といったICT利用活動をどの程度行なっているのかを示すICT利用指標と読解力との関係を図5-4に示す。生徒が学校でICTを活用しているほど、単純に学力も向上するのであれば、右肩上がりの直線が見られることが予想されるが、ここで見られているのはOECDの平均よりも左に最高点のある逆U字型のグ

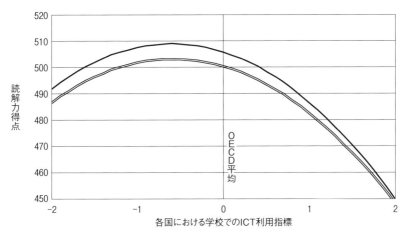

(出所) 経済協力開発機構編著 2016『21世紀のICT学習環境——生徒・コンピュータ・学習を結びつける OECD生徒の学習到達度調査』国立教育政策研究所監訳, 明石書店, より引用。

図5-4　各国におけるICT利用と読解力得点との関係

ラフである。これは，学校における生徒によるICT利用活動が適度な場合には学力向上が見られるが，ICT利用活動が過度なものとなると他のもっと有効な学習活動への参加の程度が低下することにより，学力低下が見られることを示す結果であると考えられる（経済協力開発機構編著 2016）。

　では，よりローカルなレベル，学校単位やクラス単位でICT機器導入の効果を検討するとどのような結果が得られるのだろうか。ブルマンとフェアリー（2016）はICT機器を学校に導入することによる効果を検討した近年の研究群を多数収集している。その結果彼らが見出したのは，ICT機器を学校に導入したことによりそれ以前よりも成績の向上が示されたということを報告している研究は非常に限られていることであった。

　これらのことを考え合わせると，コンピュータの設置台数や生徒による利用回数等が数値上多くなったとしても，それらは単にICT活用のための準備状態が整ったことを示すのみであり，そこに豊かな学びが展開されるかどうかは，ICTの特長をどれほどまでに引き出し活かすことができるかにかかっていると言えるだろう。

## (2) ICT活用教育の効果

　単にICTを導入するだけ，ICTを児童・生徒に使わせるだけでは高い教育効果が得られるわけではないが，ICTを効果的に活用して教育の質を改善すれば，さまざまな望ましい効果が得られることを示す研究も存在する。

　たとえばメディア教育開発センター「ITを活用した指導の効果などの調査」研究会 (2006) では，ICTを活用した授業と活用していない授業とで，どのような学習成果の相違が見られるのかを調べている。調査の一環として，3クラス92名の中学生・高校生を対象に社会科の実証授業を行ない，授業後に生徒への意識調査がなされた。意識調査では学習目標の達成状況に関する多数の質問がなされ，生徒は4件法（「4：たいへん思う」「3：すこし思う」「2：あまり思わない」「1：まったく思わない」）でそれらに回答した。その結果，ICT活用がなされなかった授業では，「自分から進んで参加することができたと思いますか」という質問に対する評定値の平均が2.75点，「授業に集中して取り組むことができたと思いますか」という質問に対する評定値の平均が2.85点だったのに対し，ICT活用がなされた授業では，それぞれ3.25点，3.37点であり，ICT活用がなされなかった場合となされた場合とで授業への積極的参加や授業中の集中の度合いにおいて有意な差が見られたことが報告されている。これはICTを効果的に活用することができれば，教育の質を高めることができることを示すものであろう。

## (3) ICTの活用と教員の成長

　前項で見たように，ICTが強力な武器になるかどうかはそれを効果的に活用するかどうかにかかっている。しかしながら，せっかくICTが導入されていたとしても，それを活用しようとはしない教員がいるのも事実である。このような教員のICT活用の有無を決めているものはいかなる要因なのだろうか。

　そのひとつが，教員が持つ教育的信念である (Tondeur et al. 2016)。教育的信念とは，どのような教育が望ましい教育であるかに関する個人的な前提，理解，主張のことであり，教師中心信念と生徒中心信念という2つに分類されることが多い。教師中心信念を強く持つ教員は教室で権威として振る舞い，生徒の学習の過程を監督し，高度に構造化された学習環境において熟達者としての役割を務めることになる。生徒中心信念を強く持つ教員は，生徒個人

のニーズと興味を重視し，構成主義や社会的構成主義（プリチャード／ウーラード 2017）に基づく教室での実践を採用する。トンダーら（2016）は，これまでに出版された14報の論文の結果を分析し，教育的信念とICTの利用との間に双方向的な関係があることを見出している。これは，生徒中心の信念を強く持つ教員は生徒中心の教育を行なうためにICTを活用することと，ICTが豊富な環境で教育活動を行なう中で教員がICTの可能性に気づき生徒中心の信念を強く持つようになることを示すものである。

　ICTは教員がより質の高い教育実践を行なう際のパワフルな武器となってくれるものであるが，それは単にICTが教員の活動の補助を務めてくれるというだけのものではない。ICTは教員にさらなる豊かな学びの世界を実感させ，教員自身をも成長させてくれる力を持つのである。児童・生徒がそれぞれの可能性を存分に発揮して幸せな人生を歩んでいくことができるよう，教員はICTを主体的に活用して日々自身を成長させつつ，豊かな学びの場を創造していくのである。

■参考文献

Anderson, J. R. 2007 *How can the human mind occur in the physical universe?*, Oxford University Press.

ブランスフォード，ジョン／アン・ブラウン／ロドニー・クッキング 2002『授業を変える──認知心理学のさらなる挑戦』森敏昭・秋田喜代美監訳，21世紀の認知心理学を創る会訳，北大路書房．

Bulman, G. and R. W. Fairlie 2016 "Technology and education : Computers, software, and the internet," *Handbook of the Economics of Education*, 5, 239-280.

Cohen, N. J. and L. R. Squire 1980 "Preserved learning and retention of pattern-analyzing skill in amnesia : Dissociation of knowing how and knowing that," *Science*, 210, 207-210.

長谷川元洋 2015「情報教育の現状と求められる授業のあり方」原田恵理子・森山賢一編著『ICTを活用した新しい学校教育』北樹出版，pp.22-27.

経済協力開発機構編著 2016『21世紀のICT学習環境──生徒・コンピュータ・学習を結びつける　OECD生徒の学習到達度調査』国立教育政策研究所監訳，明石書店．

国立教育政策研究所編 2014『教員環境の国際比較──OECD国際教育指導環境調査（TALIS）2013年調査結果報告書』明石書店．

メディア教育開発センター「ICTを活用した指導の効果の調査」研究会 2007『文

部科学省委託事業 教育の情報化の推進に資する研究(ICTを活用した指導の効果の調査)報告書』(http://warp.da.ndl.go.jp/info:ndljp/pid/259200/spa.nime.ac.jp/report_2006.php 2017年3月31日確認)

文部科学省 2002「情報教育の実践と学校の情報化——新「情報教育に関する手引き」」(http://www.mext.go.jp/a_menu/shotou/zyouhou/020706.htm 2017年3月31日確認)

文部科学省 2003『確かな学力』(http://www.mext.go.jp/a_menu/shotou/gakuryoku/korekara.htm 2017年3月31日確認)

文部科学省 2007『教員のITC活用指導力の基準(チェックリスト)』(http://www.mext.go.jp/a_menu/shotou/zyouhou/1296901.htm 2017年3月31日確認)

文部科学省 2010『教育の情報化に関する手引き』(http://www.mext.go.jp/a_menu/shotou/zyouhou/1259413.htm 2017年3月31日確認)

日本教育工学振興会 2007『校務情報化の現状と今後の在り方に関する研究』(http://www2.japet.or.jp/komuict/ 2017年3月31日確認)

2020年代に向けた教育の情報化に関する懇談会 2016『2020年代に向けた教育の情報化に関する懇談会』最終まとめ (http://www.mext.go.jp/b_menu/houdou/28/07/1375100.htm 2017年3月31日確認)

Pashler, H., P. Bain, B. Bottge, A. Graesser, K. Koedinger, M. McDaniel and J. Metcalfe 2007 *Organizing instruction and study to improve student learning*, Washington, DC: National Center for Education Research, Institute of Education Sciences, U.S.Department of Education. (http://files.eric.ed.gov/fulltext/ED498555.pdf 2017年3月31日確認)

プリチャード, アラン/ジョン・ウーラード 2017『アクティブラーニングのための心理学——教育実践を支える構成主義と社会的学習理論』田中俊也訳, 北大路書房.

田中俊也 1996『コンピュータがひらく豊かな教育——情報化時代の教育環境と教師』北大路書房.

田中俊也 2002「「教える」知識・「学ぶ」知識——知識表象の4つのレベル」『教育科学セミナリー』33, 43-52.

田中俊也 2015「教室でのICT利用」子安増生・田中俊也・南風原朝和・伊東裕司『教育心理学』第3版〈ベーシック現代心理学6〉, 有斐閣, pp.153-175.

Tondeur, J., J. van Braak, P. A. Ertmer, and A. Ottenbreit-Leftwich 2016 "Understanding the relationship between teacher's pedagogical beliefs and technology use in education: A systematic review of qualitative evidence," *Educational Technology Research and Development*, 64, 1-21.

━━ コラム 4 ━━

## 実感を持てる日本史授業の工夫

「受験にも使わないのに，何で日本史を勉強せなあかんの？」

この言葉は，授業を受け持った生徒が何気なく言ったものだが，教職課程で学ぶ皆さんの中にもこのような疑問を抱いたことがある人はいるのではないだろうか。高等学校で授業をする際の難しさのひとつが，大学入試にいる科目といらない科目を生徒が判断してしまうことだ。実は，この冒頭の質問はなかなか難しい質問であり，生徒が納得いくような日本史を学ぶ本質的な意味を答えなければいけない。私はこうした生徒に，「歴史は過去と現在をつなぐもの。日本の歴史を学ぶことは，今の君のルーツをたどることだよ」とよく話す。しかし，こうした質問をする生徒は過去の出来事に興味のない生徒も多く，まずは興味を持たせることから始めなければならない。

ここで皆さんに，自分が高校生のころ受けた日本史の授業を思い出してもらいたい。日本史などの歴史の授業では，どのような授業形態が多かっただろうか。私が受けた授業は，先生が教科書に載っている出来事を解説しながら黒板に板書したことをノートに取り，黒板に向かって静かに座って話を聞くといったスタイルだった。私は日本史が好きだったから一生懸命に話を聞いていたが，残念ながら眠気に耐えられずウトウトする生徒もいたことが思い出される。だから，私は生徒に興味を持たせるためには，こうした授業スタイルを変えることが必要と考え，なぜ生徒が日本史に興味を持てないのかその原因を考えた。そのときふと気づいたのが，日本史の授業では「実感」が持ちにくいということだ。たとえば，理科の授業であれば，教科書に載っている知識を理解する過程で実験を行ない，「できた」「なるほど」といった実感を持ちながら知識を得ることができる。しかし，過去を学ぶ日本史ではそうした実感が得にくく，遺跡の話が出てくれば，その遺跡に実際に行くことで当時の様子を体感することもできるが，毎時間全国各地へ飛ぶこともできない。

そこで，私は現地に行くことはできないが，それに近い体験ができるようインターネットなどのICT機器を利用した授業を実践してみることにした。たとえば，長篠合戦の説明をする際，教科書的な説明をするならば，「1575年，織田信長が鉄砲を大量に用いた戦法で，騎馬隊を中心とする強敵武田勝頼を破った」となる。しかし，この説明をする前に教科書にも載っている『長篠合戦図屏風』の写真を提示し，生徒に「この屏風を見て何か気づくことがないか？」と質問をしてみる。すると，生徒は「織田側は鉄砲を使っている」

「溝みたいなものが見える」「木の柵がある」などと発言する。生徒からの答えを予測しておいた上で，先ほど生徒が発言した溝や木の柵を取り上げ，ここで今度は現地に残る馬防柵（生徒が木の柵と答えたものがこれである）の写真を見せ，「これが何の役に立つかわかるか？」と質問する。生徒が考えてもわからない場合は，武田軍は騎馬隊が強かったというヒントを与えると，「馬の進軍を防ぐためか！ じゃあ，あの溝も！」と気づく生徒が出てくる。この時，生徒は『長篠合戦図屏風』に描かれているものの意味を理解し，「なるほど」という実感を持つ。その後，教科書的な知識を説明することで生徒の中で実感と知識が融合し，また，実感を得られることが興味を持つきっかけになると私は考えている。最後のアンケートで，「そうだったのかと納得しながら，興味を持って勉強できました」という記述も見られ，一定の効果があったのではないだろうか。

　また，文化の授業を行なう際にも，インターネットの活用は有効であると考える。文化こそ，文字情報だけでは理解しにくい部分がある。たとえば，室町時代の北山文化を話す際に能の話が出てくるが，多くの生徒は能という言葉は知っているものの，どのようなもの見たことがある生徒は多くはない。現在は非常に便利で，YouTubeなどで能を検索すれば動画があるため，それを生徒に見せてあげると「これが能という伝統芸能か」という実感を得る。このように，インターネットの写真や動画を用いることで，従来の教科書・資料集・ノートだけでは得にくかった実感を持ちながら学ぶ授業を作ることができる。

　しかし，高校によっては当然大学受験を控える生徒も多く，毎時間こうした授業をしていては終えるべき範囲を終えることができないという問題点が出てくる。「生徒に興味を持たせる」ことと「生徒に受験に対応する知識を身につけさせる」というこの2点をどのように上手に両立させるのかということが，今後の私の大きな課題である。現在，アクティブラーニングという言葉がしきりに使われているが，生徒が歴史に興味を持ちながら自ら考え学び，その中で確かな知識を獲得できる授業を目指して今後も研鑽していきたい。

（高校・日本史教諭）

第 **6** 章
# ICT 活用の方法

　ICT（Information and Communication Technology）が学校教育に導入された経緯やその意義については，第5章で概観した。一口に ICT と言っても，電子黒板や電子教科書から，PC やタブレットを利用したシステムまで，さまざまなものが存在する。本章では，それらが教育現場で実際にどのように使用されているのかの事例を紹介する。

## 1　ICT で学ぶ

### (1) メディア・リテラシーを獲得する

　現代では，コンピュータ，タブレット，スマートフォンなど，小型のメディア一台で，文字や映像などさまざまな形態の情報を扱うことができるようになり，どの職業に就いたとしても，これら ICT の活用技術が必要不可欠なものとなっている。メディア・リテラシー教育としては，文字も図形も操作できるコンピュータなどの道具を媒体として何かをする，それを使って何でもできるという実感を持つ方向にもっていくことが肝要となる（田中 2015）。まずは，文章作成や計算，描画，動画作成，作曲，通信など，さまざまなアプリケーションを活用する力を育むことが求められる。また，小学校段階からプログラミング教育が導入され，それを通じて「プログラミング的思考」を育むことも目的となっている。そして，スキルを身につけることだけではなく，メディアの仕組みや意義，問題点などについても理解することで，メディアを適切に活用できるようになる。

　そのための方法として，メディア制作活動が用いられることがある。メディア制作を学ぶことは，たとえば以下の事柄を学ぶことだと考えられる（バッ

キンガム 2006)。①メディア・テクストを制作し，供給するためにどんなテクノロジーが使われているか，それによって，作品にどのような違いが生じるのかなど，テクノロジーについて。②誰がメディア・テクストを作るのか，誰が何をし，どのように協力するのかなど，制作業務について。③メディアを販売し，購入する会社を誰が所有しているのか，それらの会社はどのようにして利潤を生むのかなど，産業について。④どのようにして会社は同じ製品を異なるメディアを通して販売するのかなど，メディア間のつながりについて。⑤誰がメディアの制作や供給を制御するのか，また，このことについての法律や，それらの効果など，規律・規制について。⑥制作されたテクストはどのようにして視聴者に届くのか。どの程度オーディエンスは選択したり，制御したりすることができるかなど，流通と供給について。⑦誰の声がメディアで聞かれ，誰の声が排除されているか，また，なぜそうなっているのかなど，アクセスと参加について。

　これらの事柄について学ぶ教育実践として，『ザ・シンプソンズ』を題材に用いた，11歳～14歳を対象とした授業が紹介されている (Grahame and Domaille 2001)。そこでは，教師が直接教えることだけではなく，少人数のグループやクラス全体でのディスカッション，ロールプレイやシミュレーション，詳細なテクスト分析，ディスカーシブ・ライティング，メディアの制作活動などが行なわれた。また，山口 (2016) では，メディア・リテラシー学習プログラムとして，小学校4年生を対象に，社会科の授業の中で，交通安全を呼びかけるCM作成活動を全8時間実施した。特に，「考えをメディアで表現する能力」に焦点を当て，NHK学校放送番組を活用し，CMの特性や作り方，著作権等について学びながら，3～4名のグループでタブレット端末と映像制作アプリを活用してCMを制作した。その結果，「相手や目的を意識し，情報手段・表現技法を駆使した表現ができる」，「他者の考えを受け入れつつ，自分の考えや新しい文化を創出できる」，「多様な価値観が存在する社会において送り手となる責任・倫理を理解できる」というメディア・リテラシーの向上が見られた。また，著作権や肖像権といった，情報発信時のマナーやルールについての意識も高まった。

　このように，個別のスキルごとに練習をするのではなく，メディア制作という目的を持った活動を通してメディア・リテラシーの習得が促進される。しかし，ただ子どもたちにメディア制作活動をさせればよいのではなく，ど

のような力を育むのか教師側がねらいを定め，その目的に応じて，講義やディスカッション，グループワークなどを組み合わせながら授業計画を立てる必要がある。また，目標や活動が複雑になり過ぎないよう，発達段階を考慮して学習計画を立てることも重要である。

### (2) メタ認知，批判的思考力を育むツールとしての利用

インターネットや交通網等の発達に伴い，社会に玉石混淆のあらゆる情報があふれると同時に，多様な文化や価値観の人びととの関わりがごく日常のものとなった。その中で，より良く生き，より良い社会を築いていくために，主観や思い込みにとらわれず，問題や他者についての情報を正しく理解し，適切に判断し，行動する力が求められている。自分の認知について把握するためのメタ認知や，自らの思考を振り返り適切な規準に基づき判断するための批判的思考を育むためには，他者の思考を参照したりすることの重要性が指摘されている（田中 2016）。メタ認知，批判的思考などを育むには，多様な他者と関わりさまざまな考えに触れることができる環境が重要である。そのような社会的学習環境を整えるツールとして，ICT を活用することができる（プリチャード／ウーラード 2017）。

高橋ほか（2009）では，メタ認知活動を活性化し，論理的な読み書き能力を育てるために，デジタルペン黒板システムを活用した実践を行なった。デジタルペン黒板システムとは，見えないドットが印刷された紙に，デジタルペンで文字を書くと，ネットワークを介して書字データが教師のコンピュータに送られ，それをプロジェクタ等で大画面に映し出すことができるシステムである。このシステムを思考の共有のためのツールとして用いて，小学校4年生の授業を全5回行なった。まず，授業の冒頭に教師が基本的な批判的思考の知識やスキル（例：「何かを主張するときには根拠を述べる必要がある」）を教示し，次に，その知識を活用する必要のある課題を実施した（例：「各自の好きな教科とその根拠をワークシートに記述する」）。その際，デジタルペンを用いてワークシートに記述させた。全員の回答が出揃ってから，デジタルペン黒板システムで全員の回答を提示し，任意の児童に口頭での説明も行なわせ，思考の相互観察活動を行なわせた。その結果，このような活動をしなかったクラスと比べて，批判的な読み取りや，論理的に考えを表現することに関わる記述が増加した。多様な他者の思考を観察することで，お

手本となる思考が足場となり，自分の思考に対するメタ認知活動が活性化されたと考えられる。

　批判的思考を発揮するためには，スキルや能力といった認知的側面だけではなく，批判的思考に対する態度や批判的に考えたいという志向性などの情意的側面も必要である。青柳ほか（2010）では，教育用ディベートシステムを用いて，高校生の批判的思考への志向性の変化を検討した。ディベート学習は，自分の本来の立場とは逆の立場で主張をしたり，相手からの反論を予想した上で主張を構成したりするため，省察や他者の思考を考えるという観点からも批判的思考教育に有効だと考えられている。しかし，活動には時間がかかる一方で，授業の時間は限られているため，クラスの人数が多いと，通常では生徒全員がすべての役割を経験することは困難であり，平等な学習機会を得るのは難しい。教育用ディベートシステムでは，1人1台のインターネットに接続されたコンピュータを使用することで，論題についての自身の事前意見，割り当てられた立場での立論，相手への質問および反論，反駁，相手への質問および反論（2回目），事後意見を全員が考え，書き込むことができる。4名程度のグループをつくり，同時に複数のディベートを進行させることで，限られた時間の中で，生徒全員がディベートに参加することができる。また，発言はテキストで示されるため，相手の発言を論理的に分析したり，自分の発言を推敲しやすくなる。このシステムを活用して，高校3年生438名を対象に授業を実施したところ，批判的思考への志向性である「客観性」「誠実さ」が向上した。

　従来の教育でも，グループワークや議論を通じて，他者の思考に触れることは可能であった。しかし，授業という限られた時間の中で，全員が平等に各自の考えたことを発表することは困難であり，触れることができる他者の思考も限られていた。ICTを活用することで，自分を含めたさまざまな思考を一斉に提示し，共有することで，より豊かな社会的学習環境となる。ICTによって，社会的学習環境が整えられることにより，メタ認知や批判的思考といったこれからの時代に求められる力がよりいっそう培われることにつながるだろう。

### (3) 学びを拓くツールとしての利用

　インターネットの情報検索技術の向上により，検索をすればそのことに関

わる情報をすぐに得られるようになった。世間では，思考力の低下を危惧する声も聞かれるが，そもそも情報を得るために時間と労力を費やすことで思考力が上がるわけではない。むしろ情報検索の時間を大幅に短縮できたことによって，より多くの時間や労力を，情報の吟味や活用といった思考に費やすことができるようになったと言える。子どもたちは，知りたい解決したいと思う問題について，とことん調べて考えることができるようになった。このとき，十分なメディア・リテラシーを身につけていれば，どのような情報をどのように獲得し，どのように捨象し，どう組み立ててどのように発展させ，新たな情報を発信していくか，というトレーニングを教室の中で行なうことができる（田中 2015）。

たとえば，学会が発行する雑誌に掲載されている専門的な論文などは，かつては，大学図書館などには所蔵されていても一般的な図書館での所蔵は稀であり，中学生や高校生が手軽に読むことは難しかった。それが，現在ではインターネットを活用することで，専門的な論文に誰でもアクセスして読むことができる環境が整ってきた（たとえば国立研究開発法人科学技術振興機構 総合電子ジャーナルプラットホーム https://www.jstage.jst.go.jp/browse/-char/ja/）。それらを活用して探究学習を行なうことで，中学生や高校生が自ら研究を進め新しい発見をし，それを学会や専門誌で発表するといったことも見られるようになった。

ただ情報検索で満足して終わるのではなく，情報を吟味し，活用して，それらに基づいて探究を進めることで，新たな知を発見，発信していくこともできる。学びに向かう探究的な態度を持つことによって，目の前の教科書や教材にとどまらず，世界中の情報を用いて子どもたちの学びをどんどん拓いていくことが可能になった。また，求めれば，どんどん自分自身の学びを拓くことができるという実感を子どもたち自身が得ることよって，探究的な態度が育まれるという相乗効果もある。ただし，先に述べたように，それにはメディア・リテラシーが必要であり，また，メタ認知や批判的思考力も必要とされる。教師が適切な支援を行ないながら，探究活動を行ない，その中でメディア・リテラシーなどを育みながら，自らの学びを拓いていく力を培うことが必要であろう。

### (4) 特別支援のツールとしての活用

　ICT を活用することによって，特別支援教育においてこれまで行なわれていた学習支援の手段を，誰もが，より簡便に利用できるものにしたり，また，これまでとは異なる，新たな支援の方法を生み出したりすることができる。それは，学習者自身による学習ツールとしての活用，そして教員が支援を意識した授業構成や教材の作成をよりスムーズにするための活用がある。また，支援の方向性としては，困難を乗り越えることを支援するためのもの，子どもたちの持つ特徴をより生かした授業を構成するためのものといった方向性がある。この項では，困難を乗り越える支援のツールとしての活用について見てみよう。

　学習障害とは，基本的には全般的な知的発達に遅れはないが，聞く，話す，読む，書く，計算するまたは推論する能力のうち特定のものの習得と使用に著しい困難を示すさまざまな状態を指すものである（文部科学省 2009）。たとえば，読むことに困難がある子どもの場合，これまでの紙の教科書を用いて学習をしようとすると，人によって見え方はさまざまであるが，文字が歪んで見えたり，反転して見えたり，文字の形を見て音に変換することが難しかったりすることが原因で，学習につまずきが生じる。しかし，文章の読んでいる個所を明るく照らしながら読み上げる機能が備わった電子教科書を利用したり，音読ソフト，「マルチメディアデイジー図書」という録音図書（金森ほか 2010）を利用することで，教科書などの内容を理解することができる。また，書くことに困難がある子どもの場合，授業中にノートを取ったり，手書きで文章を作成したりすることが難しいため，学習につまずきが生じる。このような場合，紙と鉛筆というメディアではなく，PC やタブレットなどを用いてタイピングで文字入力を行なうことで，ノートを取ったり文章を作成したりすることができる。また，紙の小さなスペースでは書字が困難な場合には，拡大したタブレット画面を用いてタッチペンにより書字の練習を行なうこともできる。

　また，たとえば，視覚支援教育では，視覚以外のさまざまな情報が学習の際に有効となる。言語情報であれば，先述の電子教科書等の読み上げ機能の活用があげられる。また，触覚ディスプレイの活用によって，点字，数式，グラフなどの理解も可能となる（たとえば，駒田ほか 2005：清水ほか 2015）。さらに，物の概念を理解するために重要な触察用立体教材の準備は，これま

で，教師が目的に応じて柔軟に立体教材を準備することが難しいこともあったが，3Dプリンタの普及により，教員が特別な技術を持たなくても，準備が可能になりつつある。教師が事前に用意した教材だけでなく，子どもたちが音声で入力し，検索したものを3Dプリンタによって立体教材として生成する「さわれる検索」という試みも行なわれている（総務省 2014）。なお，それらの立体教材のための3Dデータについては，ウェブ上で無料公開されている（http://www.gakko.otsuka.tsukuba.ac.jp/sawarerukensaku/index.php）。

　このように，ICTを特別支援教育のためのツールとして活用することで，たとえば紙と鉛筆といったこれまでのメディアでは学習に困難を生じていた子どもたちの学びの可能性を広げることができる。しかし，単にICTを導入すればよいというわけではなく，それぞれの障害の特徴に適したものを見極めて，支援のツールとして用いることが大切である。

## 2　教育方法としてのICTの活用

### (1) さまざまな知識表象への対応

　知識の表象には，さまざまな種類やレベルがあり，知識の種類によっては言葉だけで伝えることが困難であったり，知識表象のレベルで伝えられる事柄が異なったりする（第5章参照）。

　運動，演奏，発音など，何かのやり方である手続き的知識は，言語だけで伝えることはとても難しい。たとえば，「お箸の持ち方」を言葉だけで相手に伝えるとしたら，どのように表現すればよいだろうか。手続き的知識を正確に伝えるためには，伝える側，受け取る側双方の実演を欠かすことができない。しかしながら，人数の多い一斉授業の場合，子どもたち全員が観察したい角度から実演を見たり，細かく観察することは難しい。また，一人の実演者が同じことを何度も繰り返すことは困難であるし，教師が伝えるべきすべてのことを上手く実演できるとは限らない。そのような場合に，動画を活用することで，さまざまな手続き的知識を伝えることができる。動画は，ビデオカメラやタブレットのカメラなどを利用し，教師自ら作成することもできるし，企業が作成しているものを活用することもできる（たとえば，ベネッセ http://benesse.jp/movie/）。動画再生時に，拡大，繰り返し機能を活用することで，前述の問題に対応することができる。

榎本ほか（2008）では，小学校5年生の体育の器械運動領域「マット運動」の授業において，1人1台の携帯情報端末（PDA：Personal Digital Assistant）を用いた。基本技（前転，後転など）の技能向上ポイントについて，子どもたちが，教師の模範演技と自分の演技を自由にいつでも何度でも見ることができるようにすることで，改善点を自ら発見するという問題解決学習の充実を図った。その結果，授業への満足度は，PDAを使用しない場合よりも有意に高くなった。しかし，技能の習得は，前転などPDAを使用した場合の方が効果的だったものもあれば，後転など技能の種類によっては，使用しなかった場合と有意差がないものもあった。このように，すべての場合にICTを用いた同じ方法が有効であるとは限らず，どのような場合に，どのような方法がより有効であるのか，詳細に検討していくことが必要であろう。

　また，言葉だけで伝えることが難しい情報としては，色合いや音色などの情報もある。これまでは，教科書や資料集に掲載されたものや，教師が独自に用意した画像や音源を用いることが一般的であった。しかし，教科書のページ数や印刷技術，費用などさまざまな制限があり，授業のために用意できるものは限られていた。しかし，ICTを活用することで，より多くのイメージ情報を，子どもたちに示すことができる。たとえば，独立行政法人情報処理推進機構では，インターネット上で，イメージ情報を伝えるための教育用画像素材集を無償で公開している（https://www2.edu.ipa.go.jp/）。また，国立国会図書館のホームページ（http://www.ndl.go.jp/index.html）では，電子図書館として，貴重な書籍などのデジタルコレクション（http://dl.ndl.go.jp/），歴史的音源（http://rekion.dl.ndl.go.jp/）などが，デジタル資料としてインターネット上で無料公開されている。国会図書館内でのみ閲覧可能な資料もあるが，館外から視聴できる資料も多い。このように，教師個人では用意することが困難な資料も，ICTを活用することで子どもたちに提示することができる。これらは，田中（2002）の4レベルの知識の分類における，レベル1の知識表象と言える。実物そのものではないが，限りなく実物に近いものに構成し直した表象である。レベル0の感覚・運動，経験レベルの知識表象ほどの生々しい実感を伝えられるわけではないが，思考の公共性や経済性はやや高く，実際に経験できない場合の代理体験として提示することで，子どもたちの情動をより喚起することができる。

## (2) 適性処遇交互作用の視点からの活用

　教育方法を考えるとき，「これさえあれば」という方法を求めたくはなるが，残念ながら万人に絶対効果的という方法はない。同じ学習内容であっても，学習者の適性によって，その教育方法による効果は異なる。このような現象を，適性処遇交互作用（ATI：Aptitude Treatment Interaction）と言う。この ATI の視点から考えると，教師はさまざまな教育方法を活用できる必要がある。そして，その方法のひとつとして，ICT の活用が挙げられる。従来のアナログな方法を用いた授業では，学習効果がうまく上がらなかった子どもであっても，ICT を用いた授業によって，学習効果が高まる可能性がある。多様な学習環境を整えるために ICT が活用され，実現されている。

　集団授業だけでなく，個別指導の際に子どもが用いる教材としても，ICT を活用する事例がある。コンピュータを用いて教科内容を直接教授していくシステムを CAI（computer assisted instruction または computer aided instruction）と呼ぶ（田中 2015）。土合・長谷川（2014）では，小学校 3 年生の音楽科でのリコーダーの個別学習の支援のために，タブレット PC 用のビデオクリップ教材が作成された。それらの教材は，子どもの習熟度による違いに対応するため，1 曲を通して演奏したもの，1 段ごとに区切ったもの，一通りできた子どもに対する発展課題として同じ曲の別パートを演奏したものと，1 曲に対して複数の動画が作成された。そして，授業内での個別学習の時間を設け，一人ひとりが指使いの練習を行なった。その際，適性処遇交互作用を考慮し，全員がタブレット PC を必ず用いなければならないのではなく，教科書を見たり，友達と練習したりするなど，他の方法で練習してもよいとした。その結果，タブレット PC 用の教材を用意しないときよりも，個人での練習を楽しいと感じる生徒が増加し，指使いや曲の理解に対して難しさを感じる生徒が減少し，音楽やリコーダーの学習を楽しいと感じる生徒が増加した。

　このように，ICT を活用した方法を従来の方法に加えることによって，集団での教授方法や個別学習の選択肢の幅が広がり，子どもたちにより適したものを選択できるようになる。また，CAI の種類もいくつかあり（田中 2015），目的や適性に応じて使い分けることが必要である。ただ，あくまで「適性処遇交互作用」であり，中には ICT を利用しない方がより良い学習効果をあげることができる子どももいる可能性を忘れてはならない。ICT を活用した

教育方法は，あくまで選択肢のひとつであり，いつでも誰に対しても ICT を使用することが最も効果があるとは限らない。したがって，教師は ICT 活用の技術だけを身につければよいのではなく，やはり従来の方法も含めて多様な教育方法を身につける必要があることを忘れてはならない。

### (3) 教育評価での活用

　教授学習活動の評価にも，ICT は活用されている。コンピュータを利用したテストは，CBT（Computer Based Testing）と呼ばれ，自動採点システムにより即時フィードバックを行なうことができるもの，遠隔地などさまざまな場所から受験可能となるもの，動画などを用いてより現実場面に近い状況での思考力を評価できるものなど，さまざまな形態がある。また，試験監督者が現場にいるもの，いないものなどがある。どのような形態で CBT を実施するかは，目的に応じて設計する必要がある。ただし，不正受験や問題の窃盗，テスト運用，情報管理などのセキュリティの問題なども考慮して計画を立てることが必要である。なお，国際テスト委員会では，CBT についてのガイドラインを示している（https://www.intestcom.org/page/18）。

　さらに，ICT を活用することで，授業内で課題を行なったプロセスを振り返り，子どもたちがどこでどのようにつまずいているのかを検討することもできる。たとえば，本章1の (2) で紹介した高橋ほか (2009) では，デジタルペンによって記録された時間的，空間的な情報を用いて，授業内の児童の行動を分析した。すると，成績が向上した児童とそうでない児童では，すべての回答がスクリーンに提示された後の行動に違いが見られた。成績が向上した児童は，他の児童のワークシートを「お手本」として他者の視点を取り入れ，批判的な記述の数が増加していたが，向上しなかった児童は，お手本となる思考を取り入れることが困難であったことが示された。このように，プロセスを客観的に振り返り分析することで，つまずきを見せている子どもたちに対して，次にどのような支援が必要か検討することができる。

　このように，評価のためのテスト実施のツールとして，学習プロセスを振り返るツールとして ICT を活用することができる。また，教師が評価情報を管理，共有するためのツールとしても活用できる。これらには，情報の入った機器の紛失や，情報管理システムのハッキングなどを防ぐ対策が不可欠であり，厳重なセキュリティーが求められる。

## 3 コミュニケーションの可能性を広げる

### (1) 言語的・非言語的コミュニケーション

　コミュニケーションには，大きく分けて，言語によるコミュニケーションと，表情などのように言語以外のものによる非言語的コミュニケーションとがある。言語的コミュニケーションについては，次のように活用できる。①**文章作成支援ツールとしての活用**：ワードプロセッサソフトを活用して文章を執筆することで，書いたり消したり文章を入れ替えたりなどの編集が簡単にできるため，手書きよりスムーズに作業を進めることができる。②**文章共有のためのツール**：これまでのような，子どもたちが書いたものを，クラスの前で数名が口頭で発表したり，後日，教師がまとめたプリントを配布するといった方法ではなく，スクリーンや電子黒板に映し出すことで，全員が書いたものをすぐに共有することができる。③**言語使用の支援のためのツール**：口頭での言語的コミュニケーションに困難がある場合でも，タイピングによって文字を入力することで，言語を伝えることができる。また，肢体不自由などで発話が困難な場合，これまでは文字盤の文字を視線で示し，それを教師が読み取り，相手に伝えるといったコミュニケーション手段がとられていたが，視線による文字入力装置と読み上げ機能を活用することで，教師を介さなくても，肢体不自由児同士での直接的なコミュニケーションが可能となる。そして，web会議システムを用いることで，遠隔地との手話によるコミュニケーションもできる。

　非言語的コミュニケーションには，表情，ジェスチャー，姿勢などがある。言語情報，非言語情報のどちらか一方のみでなく，両方があることで成立するコミュニケーションもある。たとえば，「ありがとう」という言葉であっても，その言葉の前後の文脈はもちろんであるが，話者の表情やジェスチャーによって，意味合いは大きく変わってくる。文字情報のみのコミュニケーションでは誤解が生じてしまうことも，音声や動画を用いて非言語情報を伝えることで，より正確に情報を伝えることができる。チャットシステムを用いた場合，文字情報に加えてアバターなどを活用することで，より正確なコミュニケーションが促進される。表情を選ぶことができるアバターは，表情の表出が難しい子どものコミュニケーション支援としても活用できるであろう（コラム1参照）。

コミュニケーションは，教師と子ども，子どもと子どもの他にも，教師同士，子どもと保護者，教師と保護者などさまざまな形がある。ICT は，遠隔地の教師同士，また，子どもと保護者，教師と保護者のコミュニケーション支援ツールとしても活用できる。たとえば，大川原ほか (2008) では，聴覚優位であり視覚情報の認知が難しいといった特徴を持つ肢体不自由児の活動に，音声発音システムを取り入れた。音声発音システムとは，PC に取り込んだ音声をドット・コードに変換し，普通のプリンタで印刷する。そのコードを「Sound Reader」という音声再生ツールでなぞると，録音された音声が再生されるというシステムである。これを保護者への授業の様子を伝える連絡帳に活用することで，学校での活動について親子で振り返り，コミュニケーションを促進することができた。

## (2) 場にとらわれないコミュニケーション

電子メールや Web 掲示板，SNS，チャット，テレビ会議などを用いることによって，教室という空間にとらわれず，また，その子どもの身体がある空間だけにとらわれず，さまざまな場所にいる人たちとコミュニケーションをとり，学びを広げることができる。それは，日本国内に限らず，海外，ときには宇宙ともつながることができるため英語教育や，異文化理解教育などに活用されている。留学といった異文化の直接体験（レベル 0 の知識表象）から学べることは非常に多いが，クラス単位での国際交流には，ICT の活用が有効である（成瀬 2006）。また，それによって，生徒と教師のグローバルなコミュニティを作ることもできる。ただし，海外の学校と学習を行なうときには，年度の開始時期や試験時期が異なることから，交流実施の時期や時差の問題などを考慮して，双方の教師があらかじめ綿密な打ち合わせをして計画を立てておく必要がある。

また，病弱，心身症や精神疾患，長期入院や不登校などによって通学が難しい子どもたちの学習や社会的交流の支援にも用いられている。森山ほか (2014) では，病弱教育における ICT 活用の意義をまとめており，学習上のニーズとしては「テレビ会議システムの活用」，「授業等の録画や共有」を挙げている。テレビ会議システムによって，入院中の児童生徒が教室とつながることで，リアルタイムでコミュニケーションをしながら学習することができる。時間の都合がつかない場合には，録画・共有が有効であり，体調の良

いときに自分のペースで見て学習することができる。また，社会的なニーズとしても，「テレビ会議システムの活用」が挙げられる。入院中の子どもたちは，社会とのつながりが希薄になりやすいが，テレビ会議システムを活用して，友人とのコミュニケーションをとることができ，また，システムを通じて地域の行事への参加も実現可能である。このように，物理的，身体的な制限を乗り越え，幅広い他者とのコミュニケーションのためのツールとしても，ICTを活用することができる。

### (3) 協同の場としての活用

コンピュータやタブレットなどは，1人1台での使用方法だけではなく，数人のグループで1台の機器を利用することで，そのICT機器がグループでの学びのプラットフォームとなり，協同での学びを形作っていくこともできる。1人1台の機器を用いて，ひとつのSNSなどにアクセスし，そこをプラットフォームとしながらPBL活動をすることで，協同的な学びを築いていくこともできる。また，1枚のプリントをグループで囲んで課題に取り組むより，1台のタブレットを囲んで取り組む方が，メンバーのアイディアを書いたり消したり整理したりすることが簡単であるため，取り組みが活性化されることもある。コミュニケーションの利便性や，さまざまな機能を利用することで，新たな協同的な学びの場として活用することができる。

## 4 子どもの表現の可能性を広げる

### (1) 表現手段を広げるツールとしての活用

メディア・リテラシーを身に着けICTを活用することで，前節の(1)で紹介したように，言語的コミュニケーション，非言語的コミュニケーションなど，さまざまな表現を行なうことができる。従来の文字，絵や写真などの画像を用いることはもちろん，動画なども表現手段のひとつとして用いることができる。また，コンピュータグラフィックやバーチャルリアリティを活用した表現も，今後子どもたちでも可能になるかもしれない。従来の表現方法に加えて，新たな表現手段の開発によって，より多様な表現方法を活用することができる。

また，さまざまな情報をコンピュータ1台に保存し，プレゼンテーション

ソフトを活用することで，発表もスムーズに行なうことができる。さらに，インターネットを活用することで，子どもたちの表現を，学内のみならず世界に向けても発信していくことができる。子どもたちは，自分たちの表現を発信し，フィードバックを得ることで，自分たちが世界に働きかけることができるという感覚を得ることができるであろう。そのような体験を積み重ねることで，自己効力感を育むことができる。ただし，世界に公表することで得られるフィードバックも，玉石混淆である。フィードバックに対して，どのように理解し反応するかについても，子どもたちの討議を通じて，また教師のサポートを得ながら学んでいく必要がある。

### (2) 芸術科目における活用

初等中等教育において芸術科目として扱われているのは，音楽，美術，書道である。これらの科目の特徴として，**2** の **(1)** で述べた，言葉で伝えることが困難な知識を多用することが挙げられる。したがって，第1に，これらの知識を伝達するためのICT活用が挙げられる。教材を教師が作成することも可能であるし，鑑賞教材と手続き的知識の両方がパッケージになった教材も，開発されている(たとえば，ヤマハデジタル音楽教材　http://ses.yamaha.com/products/digital_koto/)。

第2に，鑑賞の際の思考やコミュニケーションを支援するツールとしての活用が挙げられる。長友ほか (2015) では，中学校の美術科において，インターネットに接続されたタブレットPCを活用した鑑賞の授業を行なった。創造的な鑑賞活動として提唱されていた，「見せることを主題とした美術科学習」(赤木・森 2008) として美術館の展示企画づくりという協同的鑑賞学習を行なった。まず，インターネット検索によって，実際に行なわれている展覧会の特設webサイトなどを閲覧し，展覧会の趣旨や展示作品などについて気づいたことをパワーポイントのスライドを用いて発表した。次に，作品の検索方法について学んだ後，3～4名のグループをつくり，展示づくりの活動を6時間行なった。グループごとに設定したテーマの解釈を行ない，決定した解釈に基づき作品を選んだ。そして，展示の設計計画を立て，プレゼンテーション用台本のためのスライドづくりを行なった。生徒は，インターネットを活用したことで，学校の図書館や美術教室の資料以外の膨大な作品にも触れることができた。また，移動可能なタブレットPCを利用したこと

で，展示方法について，物理的，身体的な動きからも発見を導くことができた。そして，2人以上で1台のタブレットPCを使用したことから前節の(3)で紹介したように，対話が生まれ，言語活動による意思伝達の基盤が育まれたと考えられる。

　第3に，創作活動での活用が挙げられる。たとえば，音楽であれば，作曲ソフトを利用することで，楽器のスキルがなくても，また楽譜に関する知識やスキルがなくても直観的に曲を作ることができる。美術であれば，絵筆等を自在に扱うスキルがなくても描画ソフトを利用することで絵画などの創作ができ，3Dで描けば立体物の創作もできる。これらのソフトを利用することで，スキルの獲得段階でのつまずきのために創作が困難であった子どもたちも，創作活動に取り組むことができる。教育用に開発され，直観的に操作することが可能なソフトも多いが，中には複雑な操作が必要なソフトもある。創作のためのソフトを使いこなすスキルの獲得でつまずき，創作活動に支障が出ることのないよう配慮することが必要である。

## (3) さまざまな表現活動の支援

　ICTによって情報入力のためのインターフェイスを多様にすることで，表現手段の選択肢が多様になる。たとえば，楽器を演奏することによる自己表現を行なうとき，これまでのインターフェイスでは，その楽器を表現手段として選択することが困難であった子どもも，ICTを活用して異なるインターフェイスを用いることで奏でることができるようになる。

　筑波大学附属桐が丘特別支援学校とFOVEの共同で進められている「Eye play the piano」プロジェクト（http://eyeplaythepiano.com/）では，視線追跡機能を持つヘッドマウントディスプレイを用いて，視線によってピアノ演奏ができるシステムを開発し，普及に努めている（遠藤 2015）。ディスプレイ上には，音名がアルファベットで示されており，その音名に視線を合わせて瞬きをすることでMIDI信号を発信し，その信号を受信したピアノが，その音のハンマーを叩くことで音を奏でることができる。ディスプレイに表示する音は選択可能であり，また，単音だけでなくコードネームの表示により和音での演奏を選択することもできる。また，首の傾きによって，ペダルの操作も可能である。つまり，これまでの「鍵盤」や「ペダル」というインターフェイスでは，手や足を用いて情報を入力することが前提であったため，肢

体不自由の子どもがピアノを表現手段として活用することは難しかった。しかし，自由に動かすことができる視線や瞬きを活用したインターフェイスを用いることで，ピアノ演奏という表現のしかたを選ぶことができるようになったのである。

このように，ICT技術の活用により，インターフェイスの問題を解決することが可能になる。障害によるハンディキャップを乗り越えたり，表現者がより自分が得意とするインターフェイスを選択し，より多様で豊かな表現を実現していくことができる。インターフェイスの問題のみならず，物理的なものや身体的なものなど，これまで存在していたさまざまな壁を乗り越えるツールとして活用することで，個人や集団がより多様な表現手段を用いることが可能となるであろう。

## 5　ICT活用の今後の姿

本章では，ICT活用の方法や事例について概観してきた。第1に，「情報の教育化」として，子どもたちがメディア・リテラシーを身につけ，学びを拓くツールとしての活用がある。第2に，「教育の情報化」として，知識の性質やATIを考慮した教育方法の開発，評価ツールとしての活用がある。第3に，コミュニケーションや表現活動をより豊かにするツールとしての活用がある。これまでにはないさまざまな機能を備えたICTを活用することで，これまで以上に子どもたちの学びの可能性を拓くことができ，充実していくことができるだろう。

ただし，ICTは，あくまでツールとして利用すべきであって，すべてを委ねることは適当ではないし，ICTを使うこと自体が目的になってはならない。最新のシステムを利用したとしても，効果的に学びを進めていくためには，教師の介入は重要である（プリチャード／ウーラード 2017）。また，レベル1〜3の知識表象のみではなく，レベル0の直接体験も不可欠である。たとえば，大阪府立豊中支援学校高等部では，聴覚過敏という特徴を持つ子どもも多いにもかかわらず，多くの子どもたちがドラムに魅力を感じ，練習に取り組んでいる（園田 2015）。ICTを活用し，視覚優位という特徴を生かした教材を作成し，ドラムセットの各パーツをどのタイミングでどのように組み合わせて叩くのかを，視覚的に理解しやすい工夫を行なっている（たとえば，https：

表6-1 本章で紹介したICT活用の目的と方法および具体例

| | 目的 | 方法 | 具体例 |
|---|---|---|---|
| ICTで学ぶ | メディア・リテラシーの獲得 | ICT機器に実際に触れ、できるという実感をもたせる | メディア制作など |
| | | メディアの特性やルールなどを理解する | |
| | 今日的に求められる力（メタ認知，批判的思考など）の獲得 | 社会的学習環境を整え，多様な他者の考えに触れる | クラス全員の意見を提示する |
| | | 多様な観点からの意見を考える力や態度をもつ | ディベートや議論を全員が公平に経験する |
| | 学びを拓く | 情報の吟味，情報に基づき新たな問題の解決策を検討する | インターネット上の情報の獲得，吟味，思考 |
| | | 特別支援のツールとして活用 | 読み上げ機能を用いての視覚・学習障害等の支援 |
| | | | 触覚ディスプレイや3Dプリンタ等による視覚障害の支援 |
| ICTで教える | 知識表象への対応 | 手続き的知識，イメージ情報の提示 | 動画教材，コンピュータ・グラフィックなどの活用 |
| | | レベル1の知識表象（限りなく本物に近い表象）の活用 | |
| | 適性処遇交互作用への対応 | ICTを通じての説明などを情報形態の一つとして追加 | 自習の教材の一形態として提示 |
| | 教育評価 | 遠隔地や大人数での試験の実施 | CBT |
| | | 問題解決プロセスの振り返り | 発話や行動記録の分析 |
| コミュニケーション | コミュニケーションのツール | 非言語的，言語的コミュニケーションのための情報を作成，提示 | ワードプロセッサ，アバターなどの利用 |
| | | 場にとらわれないコミュニケーションのためのツール | メール，SNS，テレビ会議などの利用 |
| | | コミュニケーションの場の提供 | グループワークのプラットフォームなど |
| 表現の可能性を広げる | 多様な表現のためのツール | さまざまな表現手段として活用 | 文字，画像，動画，コンピュータグラフィックなど |
| | | 表現をスキルに制限されないためのツール | 作曲ソフト，描画ソフトなど |
| | | 情報入力のインターフェイスの多様化 | 視線による入力など |

//youtu.be/3uFw7DqUn28）。これによって，教師による指導がスムーズにいくだけでなく，子どもたちの自習時にも練習に取り組みやすくなる。しかし，成功のポイントは，①ICTを活用した指導に加えて，②プロのドラマーによるワークショップでプロの技に触れることで，より楽器の魅力を感じるようになり，③練習の成果を学内外のステージで発表していることである。こうした一連の活動の繰り返しの中で，自己表現への意欲が高まり，表現力の向上につながっていると考えられる。このように，ICTのみに頼るのではなく，デジタルとアナログ，仮想空間と現実世界などをバランスよく上手く組み合わせて活用することが大切であろう。

　また，今後，情報の保存の問題に対応していくことも重要である。たとえば，デジタル教科書は，子どもが書き込みをして，それを保存しておくこともできるが，突然にデータが消えて，学びの記録がすべて消えてしまうといった問題が起きないようにせねばならない。また，紙であれば，それを保管しておけば，将来にわたって活用することができるが，たとえばPCの場合，OSが変わっても対応できるのか，またweb上での議論などをいつまで振り返ることができるのかといった問題がある。学校に在籍している期間だけではなく，その後も利用できるシステムづくりが必要であろう。

　ICTを活用した教育は，未知の部分もあり，課題も残されている。しかし，上手に活用することで，これまでのツールでは不可能であった部分を補い，子どもたちの学びをより深く充実したものにすることができる。そのためにも，今後，さらなる環境整備と技術開発，そして教育実践の共有が求められる。

　同時に，こうした情報機器活用の教育では，その目新しさに気をとられて，効果の査定がおろそかになる危険性をはらんでいる。実践のやりっぱなし，という事態を避けるためには，ルーブリックやポートフォリオなど，実践の質的な側面を測定するツールを用いた評価を併せて行なうことが重要である（田中 2017）。この点については，第8章を参照されたい。

■参考文献

赤木里香子・森弥生 2008「キュレーションがもたらす主体的な鑑賞と表現の生成——中学校美術科単元「国吉康雄　オリジナル美術館を創る」の実践から」『岡山大学教育学部研究集録』137，49-57．

青柳西蔵ほか 2010「教育用ディベートシステムを導入した学習単元の提案と批判的思考態度醸成効果の評価」『日本教育工学会論文誌』33，411-422．

バッキンガム，D. 2006『メディア・リテラシー教育――学びと現代文化』鈴木みどり監訳，世界思想社．

土合泉・長谷川春生 2014「リコーダー指導におけるタブレット PC を活用した個別学習支援教材と単元の開発」『日本教育工学会論文誌』3，459-468．

榎本聡・山本朋弘・清水康敬 2008「小学校体育におけるマット運動の学習での PDA の活用と評価」『日本教育工学会論文誌』32（Suppl），85-88．

遠藤義浩 2015「制作者インタビュー「『Eye Play the Piano』プロジェクト」」AID-DCC Inc.（http://www.aid-dcc.com/casestudies/eyeplaythepiano/1 2017 年 3 月 19 日確認）

Grahame, J. with K. Domaille 2001 *The Media Book London*, English and Media Centre.

金森裕治ほか 2010「特別支援教育におけるマルチメディアデイジー教科書の導入・活用に関する実践的研究」『大阪教育大学紀要 第 IV 部門 教育科学』59，65-80．

駒田智彦ほか 2005「音声インターフェースと触覚ディスプレーを組み合わせた視覚障害者の新たな科学情報利用環境」『電子情報通信学会技術研究報告．WIT 福祉情報工学』105，29-33．

文部科学省 2009「主な発達障害の定義について」（http://www.mext.go.jp/a_menu/shotou/tokubetu/004/008/001.htm 2017 年 3 月 27 日確認）

森山貴史・日下奈緒美・新平鎮博 2014「病弱教育における ICT 活用の意義に関する検討――病弱教育研究班活動を通して」『国立特別支援教育総合研究所ジャーナル』3，12-17．

長友紀子ほか 2015「ICT 機器が可能にする協働的鑑賞学習の試み――中学校美術科における「美術館の展示をつくる」の実践を通して」『次世代教員養成センター研究紀要』1，65-74．

成瀬喜則 2006「ICT を活用した国際交流学習の意義と課題」『学習情報研究』1，13-16．

大川原恒ほか 2008「特別支援学校における「音声発音システム」の活用――肢体不自由児を中心とした取組み」『コンピュータ＆エデュケーション』24，40-43．

プリチャード，A./J. ウーラード 2017『アクティブラーニングのための心理学――教室実践を支える構成主義と社会的学習理論』田中俊也訳，北大路書房．

清水俊宏・坂井忠裕・半田拓也 2015「視覚障害者向け触覚ディスプレーによる振動提示技術と力覚誘導提示技術」『NHK 技研 R&D』154，30-37．

園田葉子 2015「歌って，踊って，ドラムでハッピー！――大阪府立豊中支援学校 D.D.D.クラブの活動より」竹林地毅監修『新時代の知的障害特別支援学校の音

楽指導』ジアース教育新社，pp.216-221.
総務省 2014「ICT の急速な進化がもたらす社会へのインパクト」『情報通信白書』
（http://www.soumu.go.jp/johotsusintokei/whitepaper/ja/h26/pdf/n4200000.pdf 2017 年 3 月 29 日確認）
高橋麻衣子ほか 2009「児童の論理的な読み書き能力を育む思考の相互観察活動——デジタルペン黒板システムを使用した授業実践から」『認知科学』16，296-312.
田中俊也 2002「「教える」知識・「学ぶ」知識——知識表象の 4 つのレベル」『教育科学セミナリー』33，43-52.
田中俊也 2015「教室での ICT 活用」子安増生ほか『ベーシック現代心理学　教育心理学　第 3 版』有斐閣，pp.153-175.
田中俊也 2017「情報機器活用の可能性と評価」藤澤伸介編『探求！　教育心理学の世界』新曜社，pp.128-131.
田中優子 2016「群衆の批判的思考と情報システム」楠見孝・道田泰司編『批判的思考と市民リテラシー——教育，メディア，社会を変える 21 世紀型スキル』誠信書房，pp.204-216.
山口眞希 2016「映像教材活用と CM 制作活動を通じたメディア・リテラシー学習プログラムの開発」『日本教育工学会論文誌』40（Suppl），17-20.

# 第7章
# 教育評価

## 1 教育評価とその種類

### (1) 教育評価とは

　「教育評価」という言葉を聞いたとき，多くの人が「テスト」をイメージするかもしれない。しかし教育評価とテストはイコールではない。テストはあくまで教育評価の一部にすぎず，教育活動において評価の対象となる生徒のある側面を測るものであって，テストの点数を単純に足していくことで「その生徒の全体評価」が決まるわけではない。テストによって表面に現われる点数だけではなく，生徒個人そのものに深く切り込むことが教育評価には必要とされる。つまり，教育評価とはテストなどに現われる生徒個人の学習活動の成果だけではなく，その努力や熱意，取り組み方，そして人格的な成長の評価も含まれるものであり，またクラス全体としての発展，さらには教育活動が目指していた目標が達成できたのかということも判断するための深い行為なのである。

　教育評価は時代の影響も受ける。戦後の日本における教育が生徒に求めていたのは「教師が与える知識をできるだけたくさん覚え，そのまま適切にアウトプットできるようになること」であり，そのための教育活動が行なわれてきた。これは，教師が発信する情報を受身でできるだけたくさん受容し，必要に応じてそれを速く正確に吐き出すようなスタンドアロンの能力（田中2000）の育成である。その一方で教師には，「知識」の面において常に絶対的に生徒の先を進み，どのような問いにも淀みなく答えることが求められてきた。倉庫に詰まった知識にアクセスできるのは常に教師であり，生徒は教

師によって与えられる知識をそのまま受け取る（田中 2001）。そしてそれをひたすらに記憶し，その記憶量の多さがテストの出来を左右する。

　しかし情報化社会が進む中で，疑問が生じれば生徒自身でインターネットなどを通じてさまざまな知識にアクセスできる時代では，教室での「学び」の形ももっと豊かで多面的なものになる。現代の社会が求めている人材は「教えられたことをそのまま覚え，言われたとおりのことをこなしていく」というタイプではない。知識を得，それを活かし，個々の人生や社会を豊かにしていく力が必要であり，教育活動を通してそれを伸ばしていくことが求められている。1996 年の文部省（現在の文部科学省）の中央教育審議会での第 1 次答申における「21 世紀を展望した我が国の教育の在り方について」の中で「生きる力」を育む重要性が述べられ，それ以降，日本の教育の目標として「生きる力」の育成が掲げられてきた。国立教育政策研究所（2013）は「21 世紀を生き抜く力（21 世紀型能力）」として，「基礎力・思考力・実践力」を挙げたが，こういった変化は生徒にだけ求められるわけではない。教師もまたこれらをどのように日々の学習と結びつけ，評価を行なえばいいのかを教育活動の中で考えていかなければならないのである。

　1998 年の改訂学習指導要領では各学校において「創意工夫を生かし特色ある教育活動」が行なわれることが推奨され，PDCA (Plan-Do-Check-Action) サイクルが意識されるようになった。P（Plan）は「計画」，D（Do）は「実行」，C（Check）は「評価」，そして A（Action）は「改善」である。教師はカリキュラム（P）を考え，それに沿って授業を行ない（D），その成果や結果を評価（C）する。そしてその評価から教育活動の効果を測り，よりよい活動になるように改善（A）していく。このように，教育評価（C）とは教育活動の最終的な結果だけを測って終わりというものではなく，教育活動の流れの中でその実践が意味のあるものであったかを知るために評価を行ない，次の教育活動をよりよいものへと改善，発展させるための判断基準となるものなのである。

　**ブルーム・タキソノミー**　生徒の力はテストという形式でのみ切り取って評価されるのではなく，目標とする「生徒の行動や認知過程」がどのように成長，発展しているかという面からも判断されなければならない。このような側面について，ブルームら（1973）は「教育目標の分類学（taxonomy of educational objectives）」を開発し，認知的領域，情意的領域，精神運動的

表7-1　教育目標のタキソノミーの全体的構成

| | | 評価 | | |
|---|---|---|---|---|
| 6.0 | | | | |
| 5.0 | 総合 | 個性化 | 自然化 |
| 4.0 | 分析 | 組織化 | 分節化 |
| 3.0 | 応用 | 価値づけ | 精密化 |
| 2.0 | 理解 | 反応 | 巧妙化 |
| 1.0 | 知識 | 受け入れ | 模倣 |
| | 認知的領域 | 情意的領域 | 精神運動的領域 |

（出所）　梶田（2010）

領域の3領域に分け（**表7-1**），教育目標を明確に叙述することを目指した。

　このブルーム・タキソノミーは教育活動がそれぞれの領域で目標とする能力を階層レベルで示したもので，認知的領域には「知識」や「理解」，「応用」といったカテゴリーが作られた。また同様に情意的領域には「受け入れ（注意すること）」，「反応（興味や関心など）」，「価値づけ（生徒自身の価値基準としての取り入れなど）」といったカテゴリー，そして精神運動的領域には「模倣」や「巧妙化」などのカテゴリーが作られた。学びの深さは1.0から5.0まであり，評価は6.0に位置づけられる。また，下位レベルの内容は上位レベルの必須項目である。

　たとえば授業で明治時代の文明開化について学んだとする。認知的領域の場合，ただ年号を覚えているだけであれば「1.0」の「知識」レベルである。しかし，文明開化の特色がわかっていれば「2.0」の「理解」レベル，さらに歴史の流れの中で他のどのようなことと結びついて起こったことであったかを理解できていれば「3.0」の「応用」レベル，というように，学びの深さを階層レベルで記述しておき，評価の際の判断基準とする。このようにタキソノミーは教育目標を分類・類型化することによって，教師間で目標とする本質を損なうことなく教育活動を行ない，評価する際の共通の概念枠として用いられる。

　また同じ科目であってもクラスの人数が異なれば，評価のプロセスも異なる。生徒が1人きりのマンツーマンの場合や40人クラスである場合，また大学であれば100人以上のクラスもある。しかし，生徒の個々の能力を1人の教師が把握しようとしたとき，クラスの人数が異なれば，質と量ともに違

いが出ることは否めない。しかしタキソノミーのようにその科目の教育目標が明確に分類され，階層レベルで記述されていれば，クラスごとに評価の際の基準が異なることはない。つまりタキソノミーは教師間だけでなく，教師内でも教育基準として用いることができるのである。

### (2) 授業の流れの中での評価

年度や学期など，ある一定の時間的な区切りの中で行なわれる教育評価には大きく分けて「診断的評価」，「形成的評価」，「総括的評価」の3つがある。

**診断的評価**　診断的評価はクラス開始段階での生徒の実態や能力を把握するためのもので，学力テストやプレースメント・テストなどがこれにあたり，生徒の学習のレディネスなどの診断にも用いられる。この評価の結果によってクラス分けを行なったり，クラスにおける今後の教育活動の指針としたりする。

**形成的評価**　評価はクラスの最初と最後にだけ行なわれるものではない。日々の学習内容を理解しているかを測るのも重要なことである。小テストや単元テストなどによって個人の理解度や学習の途中経過を観察し，さらにそこから教育活動自体が適切なものであるのか，うまく機能しているのかといった判断も行なう。これが形成的評価であるが，この評価の結果，クラスの当初の目標とのずれが見られたり，生徒全体の成長がクラス開始時の予測と大きく異なったりした場合（成長が遅い場合でも速い場合でも），その実態に合わせた軌道修正を行なう。

学習期間が長期にわたる場合，この形成的評価がないと生徒の負担が大きくなる。たとえば1年間のクラスでテストが最後に1回だけしか行なわれないとなると，日々の学習での集中度は落ち，また反対に試験前の負担は大きすぎるものになるだろう。したがって，ある程度短いスパンで小テストなどを行ない，生徒に適度な負荷をかけ，学習の理解度や定着度を確認するほうが効果的である。また形成的評価の結果を通して，生徒自身も自らの理解度を日々把握でき，強い分野や弱い分野を認識し，今後の学習活動に活かしていくことができる。

**総括的評価**　形成的評価を行ないながら，教育活動や学習のスピードを調整していき，最終的に学期末試験や学年末試験などが行なわれるが，このような，クラスが終わる最後に行なわれる評価は総括的評価と呼ばれる。この

評価は生徒個人の最終評価を決定づける大きな基準となり，また教育目標の最終的な達成度を測るものでもある。ある意味で，生徒はこの総括的評価を高めることを最終目標として日々の学習に取り組むが，教師にとってはこの評価はこれまで自身が行なってきた教育活動が適切であり効果のあるものであったか，また教育目標が達成できたかどうかを確認するためのものにもなる。入学試験なども大きい意味での総括的評価と言えるかもしれないが，各種入学試験を総括的評価とみなすか，または次の上級学校での診断的評価とみなすかは，その問題作成者の哲学と大きく関連する（田中 2001）。

　時系列的には診断的評価，形成的評価，総括的評価の順で行なわれるが，これらは単純に生徒個人の最終成績をつけることだけを目的にして行なわれるものではない。どの評価も生徒の学びを確認し，教育活動が適切に行なわれているかの判断基準となるものである。したがって，それぞれの評価を切り離して見るのではなく，常に教育活動のPDCAサイクルの全体的な流れの中で把握し，教育の改善に役立て，ときには教材の選択などの判断基準にするなど，教育活動に還元していくことが大切である。

## 2　テスト

### (1) テストの形式

　評価の一部であるテストにもさまざまな形式がある。「○か×か」で答えさせる真偽法や，与えられた文章の中に空欄を作り，そこに適切な語彙などを書かせる穴埋め法，複数選択から正しい答えを選ばせる多肢選択法やマークシート方式などは客観テストと呼ばれ，誰が採点をしても同一の結果が得られるものである。こういった客観テストは解答がひとつしかないため採点する側の負担も少なく，学習した内容の確認や多人数クラスで実施する場合に適しており，また集計を行なうのにも便利である。

　一方で生徒自身の意見や思考力，その解答に至った理由などを確認するためには，客観テストよりも記述式や作文，小論文などの主観テストのほうがふさわしい。主観テストでは選択式や○×だけでの解答からは測れない，生徒の理解度を知ることができる。しかし多人数を対象に行なう場合，採点する側の負担は大きい。また採点者によって加点・減点の対象が異なるおそれもあるため，採点基準をしっかりと作っておかなければならない。

```
選択回答式（客観テスト式）の問題
 ●多肢選択問題
 ●正誤問題
 ●順序問題
 ●組み合わせ問題
 ●穴埋め問題（単語・句）

自由記述式の問題
～短答問題（文章・段落・図表など）
 ●知識を与えて推論させる問題
 ●作問法
 ●予測－観察－説明（POE法）
 ●描画法

実技テストの項目
 ●検討会，面接，口頭試問
 ●短文の朗読
 ●実験器具の操作
 ●運動技能の実演

日常的な評価
 ●発問への応答
 ●活動の観察

パフォーマンス課題
 ●エッセイ，小論文，論説文        ●朗読，口頭発表，プレゼンテーション
 ●研究レポート，研究論文         ●グループでの話し合い，ディベート
 ●実験レポート，観察記録         ●実験の計画・実施・報告
 ●物語，脚本，詩，曲，絵画        ●演劇，ダンス，曲の演奏，彫刻
 ●歴史新聞                ●スポーツの試合
```

（出所）　渡辺（2015：123）より抜粋して編集。

図7-1　さまざまな評価方法の例

　このようにテストの形式は多数ある（図7-1）が，ひとつの問題を発展させることもできる。たとえば，「大坂城は豊臣秀吉が築いたか」という真偽法での問題は，「大坂城を築いた人物は誰か？　a織田信長　b豊臣秀吉　c徳川家康　から正しいものを選べ」という選択式でも出題でき，さらに「豊臣秀吉はなぜ大坂に城を建てたのか，その経緯を述べよ」というように，深い理解を問う記述式でも行なうことができる。どのような形式を用いるかは，テストの目的や生徒の能力によって判断する。

　また選択式などの客観テストを行なうのか，それとも記述式などの主観テストを行なうのかということは生徒の学びのスタイルにも影響を与える。極端な例ではあるが，実施されるテストが常に「○か×か」で問われるものであったり，単純に記憶力を問うようなものだけで構成されている場合，生徒は日々の学習をそれに沿ったスタイルで行なうようになるだろう。そのような学習スタイルを続けたとき，基礎力，思考力，実践力などの21世紀を生きる力が育つだろうか。

　OECDによって15歳児を対象に2000年から3年に一度行なわれている国際的な学習到達度調査PISA（Programme for International Student Assessment）は読解力，数学的リテラシー，科学的リテラシーの3分野について，実施年によって中心となる分野を設定し，重点的に調査をしているが，2015年からは「協働型問題解決能力」を測る問題も追加された。これは他者と協力して問題解決に至るように個人の能力を活かす力のことであるが，こういった能力を高めようとしたとき，どのような教育活動と評価であればそれが可能になるであろうか。テストの形式を選択する際には，生徒たちが持つ能力を測るのに適した形式であるかといった実質的なことだけではなく，教師が教育活動で何を目標とするのかということや教師自身の価値観，信念が関わってくる。生徒の能力を伸ばし，教育活動の目標を達成するためにはどのような形式のテストが適切で効果的であるのかについて，常に判断していく必要がある。

## (2) テストの妥当性と信頼性

どのような形式のテストであっても「妥当性（validity）」と「信頼性（reliability）」を備えることが必要である。測定したいものは何か，そしてそれを適切に測定できているかということはテストの質を考えるときに必要な概念であるが，妥当性はテストの内容が測定したいものそのものときちんと関連づけられているかということである。

妥当性には主に「内容的妥当性」，「基準関連妥当性」，そして「構成概念妥当性」の3つの考え方がある。

**内容的妥当性**　テストの内容が測りたい領域と適切に対応しているかどうかということである。つまり，テストは授業で学んだものから出題されているかということであり，これはその分野の専門性を持つ人の判断が基準となる。

**基準関連妥当性**　測ろうとしているものと関連性が強いと考えられる外的基準との相関が高いかどうかというものである。これには「併存的妥当性」と「予測的妥当性」の2つがある。併存的妥当性とは，すでにあるテストとの相関を見るもので，たとえば昨年のクラスで行なったテストと今年のクラスのために新たに作成したテストの相関が高い場合，併存的妥当性が高いとされる。一方，予測的妥当性とは，たとえば大学の入学試験の結果と入学後の成績について，入学試験の結果が良い学生は入学後の成績も良く，反対に入学試験の結果が悪い学生は入学後の成績も悪い，というように高い相関が見られた場合，

この入学試験は入学後の大学生活での成績を予測するための妥当性を持つテストである，と言うことができるといったものである（村上 2003）。

**構成概念妥当性**　測ったものの得点と構成している概念との関係を示すもので，たとえば生徒の「思考力」を問うためにテストで複数の問題を設定したとして，その個々の問題の総合が「思考力」という概念を表わしているかということである。テスト問題の形式もこの概念を測るのに適しているかということも考えなければならない。生徒の思考力を問いたいときに，選択式のテストを行なうことは不適切であろう。選択式の問題による得点の総合から「思考力」という概念は測れないからである。

**信頼性**　こういった妥当性と同様に大切な概念である「信頼性」は，テストそのものの「安定性」や「一貫性」を表わすものである。

安定性とは，何度測定しても同じ結果が得られるというもので，計量器で小麦粉を50g量ったとしよう。翌日その小麦粉を同じ計量器で量ったときは55gと表示され，そのまた翌日には45gと表示されれば，この計量器に安定性はない。安定性とは同じ条件下で同じものを何度測定しても同じ結果が得られるというものであり，計量器で50gの小麦粉は常に「50g」と量られなければならない。これはテストに関しても同様である。ある生徒のある能力を測るためにテストを行なうとき，同じテストであるにもかかわらず，テストをするたびに結果が著しく異なるのでは安定性があるとは言えない。

信頼性が高いかどうかを判断するのにもさまざまな方法がある。同じ生徒に同じテストを期間を空けて受けさせたときに，そのテストの結果が一致する度合いが高ければ安定性が高いと言えるが，これを再テスト法（再検査信頼性）と言う。しかし，どのぐらいの期間を空けて行なうのが適切かといったことや，1回目のテストの経験が2回目のテストを受ける際に与える影響，またその期間の間に被験者（生徒）に起こった事柄が2回目のテストの答え方に与える影響なども考慮しなければならない。

「一貫性」に関する方法としては，折半法がある。この方法では，まずひとつのテストを半分にし，その半分同士が似通った質（等質）のものになるように作成する。そして被験者にはこのことを知らせずにテストを受けさせたあと，作成時に決めていたようにテストをあらためて半分に分けて分析を行なう。この方法では「ひとつのテストを正しく等質に分けることができるか」ということが問題点として挙げられるが，このことを考慮した上で被験

者が受けたひとつのテストを2つに分け，これでテストを2回実施したとみなして相関を調べる，ということである。

　一貫性を測るものとして，内的整合性を調べるという方法もある。これは調べたい各項目が全体として同じ概念を測定していると言えるかどうかを表わす指標で，たとえば複数のテスト問題が全体として同じひとつの事柄を測っているかどうかを調べるものである。これはクロンバックのアルファ係数（α係数）を用いて示されることが多く，内的一貫性とも言う。このα係数は0から1の間の値を取るが，これが0.8以上であれば内的整合性があり，信頼性が高いとみなされる。この方法では，個々のテスト問題で相関の高い項目を選んだり，項目数を増やすことにより，信頼性を高めることができる。このようにテストを作成する際には妥当性と信頼性を確認しなければならないが，これらのさまざまな方法は互いに補完し合っている。

　学期末試験を作成する場合を例にすると，その学期の教育活動を通してどのようなことを目標として設定したかをもとにし，その目標を達成したかどうかを測るために適した項目を学習内容の中から抽出する。次にその項目を用いて，測りたいものが適切に測れる形式を選び，テスト問題を作成する。そして実際にテストを行なったあと，測りたいと考えたものを本当に測ることができているのかを確認する。また今後も同じレベルの能力を持つ生徒がこのテストを受けた場合，同じような結果が得られるのかということも検証，分析し，次回に活かしていく，という流れになる。

　一般に教師は固定的で安定した，永続的に繰り返し使えるようなテストや評価方法を作成したいと望む傾向にある。一度完璧なテストを作れば，それをいつまでも繰り返し使うことができ，またテスト作成の労力から解放されるからであろう。しかし教育は，目指すべき普遍的な部分を持ちつつも，時代が求めるものやその時代の価値観による影響から免れることはできない。教育それ自体が「成長と発展」を目指すのであれば，評価の方法もまたそれに沿って柔軟に開発されるべきものであろう。その時代のその教育，そして自分が担う教育活動において，その段階での「最上の，適切な評価方法」を目指すと同時に，それは時代によって柔軟に変化し，対応していくべきものであるという意識が必要である。

## 3 テスト得点による評価の種類

### (1) 基本的な諸概念

**ノルムとスタンダード**　評価において，評価対象の「現在の状態」のことをノルム（norm），そして「あるべき状態」のことをスタンダード（standard）と呼ぶ。ノルムは現時点での「成績」や「教育水準」であり，スタンダードは教育が目指す「目標」であり，教育活動によって期待される達成目標のことである。評価においてはこのノルムとスタンダードを対立させ，教育目標として設定されたスタンダードに対して，ノルムがどこまで近づいたのかということを見る。

**平均値**　ノルムは容易に数量化できる。通常，テストは100点満点で構成されるが，たとえば1問10点の問題を10問出題したとする。その1問1問によって個人の「現在の状態」が測られ，全部を加算したものが個人の成績，つまりその教科における「ノルム」となる。テストの結果から集団，つまりクラス全体の「現在の状態」を見るが，クラスの代表値として「平均値」が用いられることが多い。「平均値」，つまり平均点とは「クラスのノルム」ということになる。このクラスのノルムが，教育目標とするスタンダードと比べてどの程度の差があるのか，ということが教育活動を見直すひとつの判断基準となる。

ノルムは数量化が容易に行なえるが，スタンダードは個々のノルムが算出される前（つまり，テストを受ける前）に設定される。この設定はクラスとしての教育目標に沿って決められる。先ほどの10問構成のテストであれば，この10問すべてが解ける状態が「スタンダード」であり，このスタンダードと個々のノルム，そしてクラスのノルムにどの程度の差があるかを見ていくのである。

**偏差**　相対評価では個々の成績をもとに，集団全体のノルムが算出されるが，これは平均値（平均点）が用いられることが多い。この集団全体のノルムである平均値と各個人のノルムである成績の落差を「偏差」という。たとえばAさんがテストで80点を取り（個人のノルム），クラスの平均点が60点だった場合（クラスのノルム），「個人の成績－平均点」で「80点－60点＝20点」が偏差となる。同様に，Aさんが40点の場合は「40点－60点＝

−20点」で偏差は−20点となる。このように個人の得点と集団の平均値を比較し，その落差を考えるための情報が偏差である。

　しかし，テスト成績の分布という面から考えると，仮にクラスの平均点が60点であったとしても，クラスの最低点が5点で最高点が90点の場合と，最低点50点で最高点70点の場合ではグループとしての性質は異なる。「平均点60点・最低点5点・最高点90点のクラス」で70点を取った場合と，「平均点60点・最低点50点・最高点70点のクラス」で70点を取った場合では，偏差は同じ「＋10」でも，得点の持つ意味が変わってくるからである。したがって，個人の成績と平均値の偏差以外からも見ることが必要となる。

　**標準偏差**　そこで偏差を全体の分布の大きさから見るが，このときに用いられるのが標準偏差である。標準偏差とは個々人の偏差の2乗を合計し，集団の人数で割ったもので，偏差の平方を合計し平均を出したもの（平均偏差平方和）をまたルートで開いたもの（平均偏差平方和の開平値）である。2乗してからルートで開くが，これは「個々人の偏差の絶対値の平均」を意味している。

$$標準偏差 = \sqrt{\{(個人の得点-クラスの平均点)^2 の総和 \div 全受験者数\}}$$

　**標準得点**　そして個人の得点の，平均点との差（＝偏差）が，集団全体の得点のちらばり具合（標準偏差）の何倍にあたるかということを示したものを標準得点と言う。これは，たとえばクラスの生徒の学校までの通学距離とその平均値をもとに，各生徒の通学距離が平均の何倍ぐらいであるかを示したものである。この標準得点はもとのデータの範囲がどのようなものであっても（10点満点のテストでも，200点満点のテストでも），平均0，標準偏差1の正規分布（左右対称のつりがね型の分布）をする（図7−2）。このようにもとの得点分布に依存しない，標準的な得点であることから，標準得点と呼ばれている。さらにこの標準得点はその分布曲線の内部の面積が1となるので，個々の標準得点から集団全体における位置（順位）を計算できるという特徴がある。また標準得点は±5点の範囲（図では±4点の範囲）にほぼ100％のデータが収まり，この範囲を逸脱することはめったに起こりえない（田中 1996）。

　**偏差値**　もし標準得点が0点であれば，個人の成績が集団の平均値と同一であったことを示す。−2点の場合は個人の成績が平均点より低く，その差

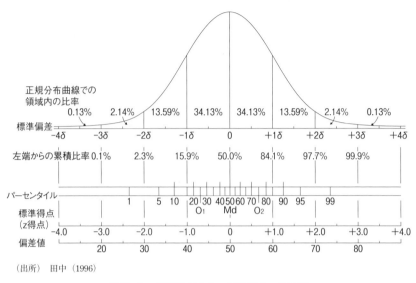

図7-2 標準正規分布，標準得点，偏差値

が集団全体のちらばりの2倍あったことを示す。反対に標準得点がプラス記号の場合は平均点より高かったことを示す。この±5点の標準得点を10倍にすると得点の幅は「-50点から+50点」となる。これに50点を足せば「0点から100点」という幅となり，イメージしやすい数値となる。これが「偏差値」と呼ばれるものである。

偏差値 =（個人の得点 - 集団の平均点）÷ 標準偏差 × 10 + 50
　　＊　　　の部分が標準得点

### (2) 相対評価

相対評価とは，ある集団の中で個人がどのような位置にあるのかによって決められるもので，他者との比較によって評価が行なわれる。そこで用いられる指標の代表が偏差値である。

上に見てきたとおり，相対評価では，平均値という，集団のノルムの値を，あたかも集団のあるべき値であるスタンダードのような扱いにし，個人の得点との差を評価する。上に見たように，偏差をとり，標準偏差をとり，標準

得点を計算し，それをわかりやすく偏差値に加工して用いられる。

　この偏差値は長い間，個人の能力を表わすものとして用いられてきた。また集団における相対的な位置を示すという性質から，受験校を選択する際の基準や入学試験の合格可能性などの判断にも用いられてきた。他者との比較としての相対評価のこのあり方自体は無意味なものではないが，個人の努力や過去の自分自身との比較の結果としての成長が評価されにくい側面もあることは否定できない。たとえばクラス内で成績をつけるときに相対評価として5段階評価を用い，上位10％の生徒は「5」，次の20％は「4」，その次の40％は「3」，さらにその次の20％は「2」，そして最下位集団の10％は「1」というように分けるとしよう。これは，以前は通知表や指導要録のための成績評定値としてよく用いられていた方法であるが，この評価方法では個人の努力が反映されにくい。仮にAさんが英語の成績で90点を取ったとする。しかし同じクラスに91点～100点の人が10％以上いた場合，Aさんが「5」の評価を取ることはできない。次のテストでは頑張って95点を取ったとしても，やはり同じクラスに96～100点の人が10％以上いた場合，Aさんの評価は変わらず「4」になる。

　一方，隣のクラスでは英語の苦手な人が多く，Bさんの80点が最高点であったとしよう。この場合，BさんはAさんよりも点数が低いにもかかわらず，「5」の評価を取ることができる。つまり，Aさんのほうが Bさんよりも実際の得点は高かったとしても，属している集団のレベルによってAさんが得られる評価は低くなってしまう。そしてこの状態が続くと，本来Aさんが英語が好きであったとしても，どれだけ頑張っても高い評価を得ることができないことからやる気をなくしてしまうことも考えられる。このように，相対評価はある集団内での個人の位置を把握することはできるが，他集団との比較は難しくなり，また個人の努力や成長が見えにくくもなる。努力をして以前より高い点数を取っても，自分が属する集団において上位に入れなければ，評価はいつまでも上がらない。反対に，集団の中で上位の成績を取れば高い評価が得られることから，頑張ればもっと伸びるのにもかかわらず，その努力を怠ってしまうようになるということも考えられる。

　集団の中の個人の位置を示す相対評価が必要な場合ももちろんある。しかし，5段階評価として決めた割合に生徒の成績を無理やり分けることや，標準偏差の正規分布図のようなバランスに生徒の能力がばらつくように指導す

ることが教育の目標ではなく，高い成績を取る生徒が多数出るように教育活動を行なうのが本来の教育のあり方であろう。実際，教育課程審議会では2002年度のカリキュラムから，それまでの相対評価に代わって，次に説明する絶対評価を増やすように答申している。

### (3) 絶対評価

　他者との相対的な位置づけで決められる相対評価と異なり，絶対評価ではある一定の基準をクリアした者は全員同じ評価を得ることができる。スタンダードを，集団の外部にあらかじめ設け，成員の個々のノルムとそれを対決させるということである。たとえば英語の試験で80点以上を取った者は全員5段階評価の「5」とする，といったものである。この評価方法の場合，比較するのは他者ではなくあくまで自分自身の問題となり，したがって個人の努力や成長が反映されやすくなる。一方でこの評価方法を入学試験や選抜試験に用いることは難しい。入学受け入れ人数の状況によっては基準点をクリアした者全員を合格させるわけにはいかないからである。

　また絶対評価を用いる場合，その基準を生徒の能力に対して「最低限必要なレベル」に置くか，または「最大限に目標を達成したレベル」に置くかでも教育活動が変わる。前者の場合，クラス内では基礎的な事柄を習得することに力が注がれるだろう。しかし，それによって本来もっと伸びるであろう能力を持つ生徒が，「このぐらい勉強すればテストはパスできるから，それほど頑張らなくてもいい」と怠けてしまう可能性がある。また後者の，最大限に目標を達成したレベルにテストの合格基準を置き，目標を達成できた人は合格で，できなかった人は不合格，と単純に分けてしまうのにも問題がある。基準を「クリアした人」と「クリアできなかった人」に大きく分けるだけでは，教育活動のどの部分に問題があったのか，またどのように改善すればよいのかという判断がしにくくなってしまうからである。もちろん入学試験などではテストの点数によって「合格／不合格」がはっきりと決められるが，受験する前には他者との比較の中で自分はどれぐらいの位置にいるのかという相対評価による情報によって希望校を調整する人がほとんどであろう。そういったことから，教育活動においては相対評価と絶対評価のどちらか一方を取り入れるのではなく，目的に沿ったものを適切に取り入れることが大事なのである。

### (4) 個人内評価

　これまで見てきたように，生徒をテストによる一定の点数によってのみ評価するのではなく，個人がどれだけ伸びたのかということを測る重要性も考慮されるようになってきた。この個人の努力がより明確に評価されるものとして，個人内評価がある。たとえばあるテストで絶対評価の合格基準点として 80 点が設定されているとする。しかしある生徒は 60 点で，合格基準に満たなかった。だが，この生徒は前回は 30 点で，その後努力をして，今回 60 点になったのかもしれない。つまり，合格基準点に満たないからといって単に「不合格」として終わるのではなく，30 点だった人が 60 点になったという努力やその過程も評価しようというのが個人内評価の考え方である。つまり，スタンダードを，一人ひとりの学習者に設定し，一人ひとりの学習者内部でのノルムとそのスタンダードの落差を検討するやり方である。

　これは従来の教育で行なわれてきた，他者との比較や競争から生まれる評価ではなく，個人の成長を測る，「過去の自分」との比較を対象とした評価である。個人の成長に対する評価は生徒の自信にもつながる。個人差を考慮し，個性を大切にするために欠かせない評価方法である。しかし教師と生徒が「1 対 1」のクラスの場合と「1 対 40」のクラスの場合では，生徒それぞれの努力や個性の把握に質的にも量的にも差が出る可能性があることは否めない。評価対象となる人数が多ければ多いほど，テストなどのわかりやすい数値で現れてくる部分に重点が置かれがちになってしまう。これは人間の処理能力の限界を考えれば無理のないことではあるが，タキソノミーなどを用いて評価方法に工夫をし，教師自身の観察眼を磨き，力量をつけていくことで可能な限り克服すべき点でもある。

## 4　数値によらない評価の工夫

### (1) ポートフォリオによる評価

　生徒個人の個性を尊重し，努力や成長を評価することは教育活動において非常に大切なことであるが，その一方でその評価を教師自身の観察だけに頼るのには限界がある。クラスの人数が多ければ多いほど，生徒それぞれを詳細に観察することは難しく，またクラス内での生徒の活動を観察するだけで

は見えない部分もあるからだ。

　そこで，個人の学習過程の記録としてポートフォリオを用いるのもひとつの方法である（第8章**4**（4）参照）。ポートフォリオとは，たとえば英語でのプレゼンテーションの準備を行なう際の個人のノートや作業メモ，図や表，原稿といったものをファイルにまとめたものである。これは完成したものだけをファイルにするのではなく，活動の過程で使用したものすべてが対象となる。英語で原稿を書くのであれば，その下書きや修正したものなども順にファイルにまとめることによって，自分のライティング力の変化や過程，成長を可視化することができる。

　ポートフォリオは長期にわたる学習において，その学習の目的に沿って生徒個人が行なった努力の過程を示すものであり，発表やプレゼンテーションという実技の場だけでは現われない，それまでの努力を記すものである。これによって生徒は自己の学習の過程を見える形で振り返ることができ，その成長を自信につなげることができる。そして教師はその過程や努力，成長を評価することができる。発表の際には緊張してうまく話せなかった生徒であっても，テーマについて詳しく調べたものなどがポートフォリオにまとめられていれば，それを評価することができる。情報をまとめたり，ファイルに保存したりといった作業が大変だと感じる生徒もいるが，自らが集めた情報を保管し，まとめ，振り返り，反省し，よりよいものにしていくという作業は自律した学びの育成にもなる。

## (2) 関心・意欲・態度の測定

　テストによって得られた結果は数値で表わせるが，指導要録の項目にある，生徒の「関心・意欲・態度」といった数値化しにくい部分はどのように評価すればよいのだろうか。「関心・意欲・態度が高ければ，必ずテストの成績も良くなる」のであれば，あえてこれらを測る必要はなく，テストの結果だけを評価対象とすればよいだろう。しかし，クラスの中には「意欲はあるが，それがすぐにはテストの成績に結びつかない生徒」も少なからず存在する。教育とはテストなどで数値として明確に現われる成績を高めることだけを目的とするものではない。生徒の人格そのものに触れ，教育活動を通して生徒の人生がよりよいものになるようにと「教え育む」ことなのである。したがって，テストの成績という形では表面に出なかったとしても，生徒の意欲が教

育活動を通して高まり，関心が広がり，生き生きと学習に取り組む態度を評価することは，教育の本質から考えれば意味のあることなのである。

梶田（2010）は「関心・意欲・態度」を評価する教育的重要性について，具体的な知識や理解，技能を次々と身につけていくということ以上に，「関心・意欲・態度」という概念に象徴される主体的で総合的な「構え」の形成が学校教育を通じて追求されなくてはならないこと，そしてこの知識や理解，技能といった狭い意味での学力を伸ばすためにも，「関心・意欲・態度」という概念に象徴される情意的基盤が不可欠であるとした。関心があって学習に取り組む場合と，関心もなく好きなことでもないがやらなければならないから学習するという姿勢では，自ずとその結果に違いが出てくるだろう。もちろんこれらの評価を行なうための基準もしっかりと作成されなければならない。数値化することは難しくても，生徒によって評価の対象や基準が異なるようなことがあってはならない。

また，その評価の過程で生徒との信頼関係を構築することも重要である。生徒の興味や関心などについて，生徒自らが教師に心を開いて話し，それについて教師からのレスポンスを得れば，さらに学習意欲が高まるだろう。そして教師はそのやり取りを通して，生徒自身は気がついていない能力や性質をみつけやすくなる。そういう部分も評価し，生徒本人に意識させることで，思ってもいない能力を発揮することも可能となる。

生徒の内面の成長や変化については自己評価をさせるのもよい。あるテーマに関して，自分はなぜそれに興味を持ったのか，何をどのように調べていきたいと思ったのか，またその過程で興味や関心の方向が変わったのであれば，それはなぜなのか。そしてこのテーマに取り組むことで，何を学び，何を得，どのように成長したのか。こういったことを綴った感想文や反省文などを通して自己を振り返り，自分が持つ課題を自己認識する。これは個人のアイデンティティの形成にも関わってくる，意味のある作業である（田中 2001）。

## (3) 学習者中心の教育と評価

第3章，4章でも述べられた通り，「主体的・対話的で深い学び」や「アクティブラーニング」という用語で示されるように，小学校から大学まで，教授者中心の教育から学習者中心の教育へと移行しており，それに対応でき

る教員が必要とされている。教育のあり方や目指すべきものが変われば，当然教育活動の方向性や内容も変わり，評価方法も変わる。テストによる個人の成績のみが評価の対象となっていた時代から，共に学ぶ力（協同学習）の育成が求められている。実際に社会に出たときには，グループの中で個人としての能力を活かす力が重要となるからである。だからといって，教育評価において個人の成績をまったく無視するということではない。個人の努力や成長の過程も評価した上で，グループでの成績との総合が必要となるのである。

## 5　評価の対象とその活用

### (1) 評価の観点が明示された評価

　与えられた知識を大量に記憶し，それをただテストでアウトプットすることだけが重要とされたこれまでの教育活動と異なり，学習の過程や個人の努力，意欲，思考力，成長といったものも評価の対象とされるようになった。しかしこれまで真偽法や選択式などで測られ，点数化されてきたものと異なり，個人の努力や成長はどのように評価すればよいのだろうか。21世紀に求められる「生きる力」のように，実際の社会生活で必要とされる力を養い，それを評価するためには客観テストだけでは難しい。そこで社会生活でのよりリアルな文脈に近い形で知識や技能を総合的に活用して取り組む，「真正性」の高いディベートやプレゼンテーション，演技やレポートなどのパフォーマンス課題が重視され，「真正の評価」と呼ばれる評価が行なわれるようになった（第8章参照）。そして，こういった，単純に数値化することが難しいパフォーマンス課題を評価するためにルーブリックと呼ばれる評価基準法が開発された。

　ルーブリックは到達レベルを3～5の数段階に分け，それぞれの段階でどのようなことができれば「到達した」と判断されるかということを記述したものである。たとえばPowerPointを用いたプレゼンテーションを評価したい場合，まず評価の対象となる項目を決める。声の大きさ，話すスピード，熱意，内容，構成，ppt自体の出来，質疑応答の明確さなどを項目として挙げ（評価規準の設定），さらにそれぞれ3～5段階の到達度に分け，各段階で求められることを記述する（評価基準の設定）。ルーブリックに従って，教師が

生徒のパフォーマンス課題の各項目についてどのレベルかを評価するが，それによって生徒自身が自らの到達しているレベルを把握し，さらに上を目指すためにはどのように努力をしていけばよいのかも理解できるようになる。つまり単に「あなたの発表は75点です」と告げるよりも，生徒の今後の学習に効果的な影響を与えることができるのである。また評価時にはすでに文章で到達度が表現されているため，これによって採点や個人フィードバックの時間を短縮できるという利点もある。さらにルーブリックはパフォーマンス課題の評価規準・基準としてだけではなく，その取り組みの過程や成長を評価するときの基準としても用いることができる。学習の過程を記録するものとしてポートフォリオがあるが，このポートフォリオの評価においてもルーブリックを用いることができる。

　またルーブリックでの評価規準・基準は学習開始時に生徒に明確に説明しておくほうがよい。それらを生徒に最初に示しておくことは，評価を行なう際の全体的な公平性にもつながる。さらに生徒にとっては学習行動の基準となり，日々の学習にどのように着手していけばいいのかがわかりやすくなる。それによって安心感も生まれるだろう。

　一方で，一度評価規準・基準を確定してしまうと，途中での変更が難しくなる場合がある。しかし長期にわたるクラスでは，生徒の予想以上の成長があったり，逆に教師の予想よりも生徒が学習内容についてくることが難しいといった状況が発生することもある。教師が生徒それぞれの能力を徐々に具体的に把握することによって，課題のタイプや内容を変更したほうがいいと判断することもあるだろう。したがって，評価規準・基準を作成するときには一貫性は保ちつつも，上記のような状況にも柔軟に対応できるように考慮しておいたほうがよい。

　一方で，評価規準・基準の設定によっては生徒が「求められたもの」に対してしか努力しなくなる可能性もあり，また教師にとって「理想の生徒」や「あるべき生徒の姿」のみが評価されたり，「この生徒は良い生徒である／悪い生徒である」という教師側の思い込みが評価に影響を与えることもある。こういったことが起こらないように，教師の不断の観察と内省によって，常に適切な評価方法が取られるように努めなければならない。第8章 **4** (3)も参照のこと。

## (2) 授業の評価

　教育現場において評価されるのは，生徒だけではない。近年は教師の教育活動や学校そのものも評価の対象となっている。2006年に小・中学校（中等教育学校を含む）向けの「学校評価ガイドライン」が作成された。これは数年ごとに改訂されながら，学校評価の事実上の国家基準として用いられている。教師が一方的に生徒を評価していた時代は終わり，お互いが評価し合う時代に入っている。大学などで行なわれている学生による授業評価アンケートもそのひとつである。

　授業評価アンケートは大学によって内容が異なるが，主に「授業内容の評価」，「教員の評価」，「自己評価」に分けられる。「授業内容の評価」とは，授業が当初の目標通りに進んでいたか，またその進度のスピードは適切であったか，大学であればシラバスなどに記載されていた内容と合っており，期待していた内容であったか，といったことが聞かれる。また教室の環境についての評価が含まれることもある。板書の字は見やすかったか，座る位置によって見えにくくはなかったかといったことから，教室の空調設備は適切に作動していたかなどが聞かれることもある。空調設備まで，と思うかもしれないが，気温などの環境が学ぶ意欲に与える影響は大きく，こういったところへの配慮も大切なことである。

　「教員の評価」とは，教え方が良かったかどうかという質問だけではなく，教えようという意欲が感じられたかといったことや，生徒に対して公平に接していたか，などの教員の態度に関することも聞かれる。教員の側が生徒全員に公平に接することは当然のことであるが，それが教員自身だけの思い込みであってはならない。過度に気にするのもよくないが，評価を通して，生徒たちが「この先生は公平である」と感じているかどうかを知ることは，自分自身の教室での態度を省みるよいきっかけとなる。

　また「自己評価」とは，学生自身が教室内外での自分の学ぶ態度を振り返るためのもので，「私はこの授業に熱心に取り組んだ」や「復習をしっかりと行なった」といったことについて答える。授業に対する自分自身の態度を振り返るためにも，また教員や学校側に一方的な評価をぶつけて終わらないためにも，自己評価も大切な項目である。

　評価の形式は「はい／いいえ」で答えるものもあれば，「1（まったくそう思わない）から5（とてもそう思う）の5段階で当てはまるものに○をつけ

てください」といった段階式のものもある。自由記述の場合もあるが，複数の質問を設定する際にすべて自由記述式にしてしまうと回答者の負担が大きく，集計も大変になるため，「はい／いいえ」式や段階式で答えさせたあと，最後に自由記述欄を設けることが多い。

初等・中等教育でこのような授業評価を行なうときは，質問文は児童・生徒によって意図の理解が異ならないように作成することが重要である。かといって，意図がきちんと伝わるようにだらだらと質問文を長くしてしまうと，小学生は読み取りだけで疲れてしまうし，複文にする場合は特に注意が必要である。たとえば「授業の最初に先生はその日の目標を説明し，それに合った複数の活動を行ないました」という質問に「はい」か「いいえ」で答えさせたとき，「先生はいつもその日の目標を話してくれた（＝質問文の前半には「賛成」）けど，活動は1つか2つで少なかった（＝質問文の後半には「反対」）」ので，「いいえ」に○をつけた，という生徒がいた場合，「目標を明確にする」という評価されるべき教師の行動が表面に出てこなくなってしまう。テストにおける「妥当性と信頼性」でも述べたが，測りたいことを適切に測っているかということは授業評価においても必要な概念なのである。

また小学校や中学校では保護者も評価者に加えることが推奨されており，評価の結果の周知も推奨されている。しかし評価を単に「教師 対 生徒」や「教師 対 保護者」といった，お互いの「見張り」として機能させるのではなく，教師，生徒，保護者のそれぞれが得られた結果を振り返り，生徒や学校教育そのものの成長，発展，改善のために用いるという意識が必要である。

■参考文献

ブルーム，B. S. ほか 1973『教育評価法ハンドブック——教科学習の形成的評価と総括的評価』梶田叡一他訳，第一法規（原著1971年）.

梶田叡一 2010『教育評価 第2版補訂2版』有斐閣.

国立教育研究所教育課程研究センター 2013『社会の変化に対応する資質や能力を育成する教育過程編成の基本原理』平成24年度プロジェクト研究調査研究報告書.

村上隆 2003「測定の妥当性」『教育心理学ハンドブック』有斐閣，pp.159-169.

田中俊也 1996「第6章 教育情報の吟味と評価」田中俊也編著『コンピュータがひらく豊かな教育』北大路書房，pp.114-138.

田中俊也 2000「ネットワーク社会における新しい教育——捨て去るものと引き継

ぐもの」園田寿編著『知の方舟——デジタル社会におけるルールの継承と変革』ローカス，pp.57-78.

田中俊也 2001「第7章　教育評価」倉戸ツギオ編『臨床教育心理学総論』ナカニシヤ出版，pp.117-131.

渡辺貴裕 2015「4章2節　学力を把握するための方法」西岡加名恵・石井英真・田中耕治編『新しい教育評価入門』有斐閣，pp.122-142.

# 第8章
# 教育活動を振り返るということ

## 1　教育活動の振り返りの基礎

### (1) 振り返るということ
　振り返りとは，一般的には，ある活動に対する出来ばえや手ごたえに対する理解・評価のことを言う。何らかの活動がうまくいったかどうかを確かめたり，活動中の取り組みがうまくいきそうかどうかを評価したりするのに，振り返るという行為は欠かせない。しかし教育活動においての振り返りは，単に確認や評価以上の意味合いを持つものとなる。振り返りを教育の場に持ち込むとき，そこには，学びのきっかけをつくり，教育を進めていく手だてとする，という営為が含まれるからである。たとえば，教師が子どもにある問題を解くことができなかった原因に気づきを与えたり，学んだことが実生活においてどのように生かせそうであるかを挙げさせたりする，といったことなどは，しばしば教師から子どもに対して行なわれる振り返りを促す行為である。
　こうした行為は，教師が子どもの学習の理解度を確かめたり，その達成度を評価したりするといった理解・評価のためのひとつの手段にとどまらない。次の活動でどのような点に気をつけるべきなのか，学んだ情報をどのように活用できそうであるかなどの点について，子ども自身がよりよく理解するための契機につながる。その意味で教育活動における振り返りとは，理解や評価を超えたところでの学びを生み出しうるものである。
　教育活動の振り返りとは，すなわち，ある特定の状況に対する見方や関わりであると同時に，その状況から物事をよりよく学ぶために必要となる行為

だと言うことができる。その意味で，振り返りの中で成される心的活動も，きわめて本質的な意味合いを持つ。さらに振り返りは，自らの学習活動に対して意識的な気づきを促すような方向づけを持つという点も重要である。こうした振り返りの心的活動のメカニズムに加えて，教え手の側からの子どもの振り返りを促すはたらきかけも，今一度，「振り返って」みる必要があろう。

### (2) 振り返りの基本単位としての自己評価

　子ども自身が自分でよりよい解法に気づいたりして自ら振り返りを行なう場合もあるが，振り返りが行なえるためには，まずもって自分の学習の仕方を学習する，自己の認識の仕方を認識する，といった高次の心的活動が前提として必要となる。ゆえに教育活動において振り返りを取り入れるときには，いかにして振り返りがなされるのかというメカニズムについて理解しておくことが望ましい。

　そもそも人が振り返りを通してそこから何かを学ぶとき，そこで行なわれる振り返りの行為の基本単位は，自分自身で点検し，吟味するという自己評価にある。まず，振り返りの基本単位としての自己評価のメカニズムについて，心的活動に着目し，確認しておきたい。

　梶田（2010）は自己評価を5つのレヴェルに分けて整理している。

　①**自己の対象化**　振り返りの最初の段階は，振り返りのための場と手だてを準備する，というものである。まず，自分自身を振り返って自分なりに考えてみる機会を提示する。授業や学校生活でのさまざまな活動の中で，自分なりに頑張っているように思っている場合においても，ときには自分なりの頑張りの様子を見つめ直す場を持つことが大切である。この機会を準備することによって，あいまいなままの理解やもやもやとした点もいっそうはっきりとしてくる。また，これをきっかけとすることで，効果的な学び方や，課題への取り組み方，あるいは学校生活での身の処し方などを考えることもできるようになる。自分自身の学び方や認識の仕方について改めて学び直し，認識し直す，という意味では，自己評価はメタレヴェルの学びや認識を成立させるきっかけを与えるもの，と見ることができる。

　②**外的な視点の取り入れ**　次いで，自己評価が外的な評価の確認を伴った形で行なわれるならば，より客観的な見方を成立させていく上で，貴重なきっ

かけを与えるものとなる。たとえば，教師の側で正しい解答や望ましい考え方を説明し，それを基準に子どもが自分の記入したテスト用紙やワークシートを自己点検，自己採点し，その上で，「自分なりに頑張ったかどうか」，「自分なりに進歩があったかどうか」，「そこでの自分の学習に満足していいかどうか」などについて振り返る，といったやり方がある。また，教師の視点のみならず，クラスの仲間同士でたとえば協調性や自主性などについて相互に確認し合い，その結果を各人が見ながら，仲間が自分をどのように捉えているのかを確認した上で，そうした点についての振り返りを行なう，といったやり方がある。このように外的な視点を絶えず自分自身の見え方の中に組み入れていくことによって，より深い内省を促す振り返りにつなげていくことができるのである。

③**分析的な吟味**　そして，自己評価のために設定された項目や視点に沿って自分自身を振り返ってみることによって，自分のあり方を吟味し，これまで意識していなかった面に新たに気づき，またそこに潜む問題点があれば，それをはっきりさせることができる。大ざっぱに振り返ってみるだけでは，どの点は大丈夫で，どの点は今後の努力を必要とするのかがなかなか見えてこないのである。何となく頑張り切れていない感じがあるとしても，いったいどういう点についてのどういう頑張りが足りなかったのかを考えてみないことには，次のステップへとつながっていかないであろう。この意味において，自己評価の項目や視点として，何をどのように設定するかは，きわめて重要な課題である。十分に学びと成長の道筋（トラジェクトリー）が見えている教師でなくては，的確な自己評価のための項目の設定は困難であると言われるのも，この点と関わっている。つまり，設定された項目や視点によって，果たして子ども自身が自分のあり方についての問題点をはっきり確認できるかどうか，それを土台に次のステップに踏み出していけるかどうか，教え手側は十分注意深く見ておくことが求められる。

④**感情と効力感の喚起・深化**　さらに重要なことは，自己評価では肯定的な感情や効力感を喚起し，深める，といった心的メカニズムがはたらく，という点である。自分自身を振り返って点検し吟味していく中で，自分のあり方についての満足感，反省感，などが生じてこざるをえない。こうした感情は，自信や効力感，あるいは自己不全感といった自己評価的な感覚へとつながっていく。

こうした感情や感覚が，子どもの努力を支えたり阻害したりする。自分の学習や成果に満足し自信を持てば，やればやっただけのことがあるといった効力感を持つようになり，これからも頑張っていこうというやる気が強まることであろう。しかし，これとは逆に，無力感に落ち込んでいくようなことがあれば，これからも頑張ろうという気持ちが生じないばかりか，場合によっては「どうせ自分なんかが頑張ってみても～」などと，次なる一歩が踏み出せない，という事態へとつながってしまうであろう。
　もちろん，教育活動の自己評価において，常に肯定的な感情だけを促すようにすればよい，ということではない。子ども自身が自分の弱い点を含めて総合的に自分自身のことを認識できることが重要だということである。それによって喚起される感情や感覚について，振り返りを促すはたらきかけにおいて，特にネガティブな方向への行き過ぎが生じないように，励ましたり助言したりするなどのはたらきかけも一方で必要とされる，という点が大切である。
　⑤**新たな努力への意欲と方向づけ**　自己評価の最終的な段階として，子どもたち自身が自分の次なるステップについて新たな決意，新たな意欲を持つ，ということにつながることが望ましい。自己評価の結果を生かして，自分が当面取り組むべき課題が何であるかをはっきりと認識し，その方向に向かって新たなやる気をふるい起こして立ち向かう，ということが目指されるべきである。
　自己評価を行なうことによって，自分自身を点検し，吟味し，認識する，という点では良い効果があったとしても，その段階で止まってしまうのでは，必ずしも教育的とは言えない。したがって，自己評価の項目にチェックして終わり，というのではなく，次にどうしたらよいか，どうするつもりか，を考える場がどうしても必要とされるのである。また，そうした点について教師の側からの指導があった方がよい場合もあるであろう。自己評価をしたら，そのしめくくりとして，何かしらの形で決意表明をする，といった形の自己評価活動であってほしい。

## (3) 自己評価の方法

　振り返りの基本単位としての自己評価のメカニズムをおさえた上で，具体的にどのような側面についてどのように自己評価を行なえば，振り返りが子

ども自身の学びへとつながっていくのであろうか。教育的活動としての振り返りの意義を考えるならば，より広い範囲にわたる評価のやり方が望ましい。といっても，自己評価の可能な領域は自分自身についてのあらゆる面にわたる。ゆえに，教育の場における自己評価としては，かなり大幅に限定し，焦点化しなくてはならない。梶田 (2010) は自己評価の方法について，5つの側面に分けて整理している。

①**授業・活動への参加状況** 第1に，授業に意欲的に参加していたかどうか，頑張ってやったかどうか，工夫してやったかどうか，面白かったかどうか，その授業や活動で満足したかどうか，などについてチェックする，というやり方がある。そして，その上に立って，「次の（これからの）授業（活動）では〜するようにしたい」といった決意表明が，ごく短い形で添えられるとよいであろう。実施時期は，授業（活動）末に組み入れ，単元末や学期・学年末，あるいは必要に応じて適宜取り入れればよい。

②**向上・成長の状況** 第2は，自分がどれだけ向上したか，成長したか，である。これらは，基本的には，教師の側であらかじめ持っていた目標を基準に自分自身の現状を評価する，というものになる。この場合，目標のひとつひとつに対応する形で自己評価の項目が設定されることになる。しかし，それだけではなく，子ども自身が自ら立てた目標を基準に自分自身で評価することも可能である。この場合には，自己目標を記入した上で，それに照らした自己評価結果を記入する欄などが準備される必要がある。評価項目の末尾には，「〜ができるようになった」，「〜がわかるようになった」，「〜を感じとれるようになった」，「これからもさらに〜をやっていきたい」という形の短い決意表明となるようなコメントがほしい。実施時期としては，単元末，学期・学年末あるいは必要なときに随時行なうことになろう。

③**学習に対する習慣・態度** 第3は，学習に対する習慣や態度である。これは実質的には，家庭学習のあり方についての自己評価を中心に考えられることになろう。予習・復習をきちんとやっているかどうか，学校に教科書や参考書，ノートを忘れないで持っていくかどうか，勉強中の集中力や持続力はどうか，積極的に苦手なことにも取り組むかどうか，などといった点をチェックしてみるわけである。具体的には，「予習をやっている」，「あまり気を散らすことなく勉強できる」，「嫌なことでも必要なことなら頑張れる」などである。これにも，「これから〜の点に特に気をつけて頑張りたい」と

いったコメントが添えられてほしい。習慣や態度については比較的中長期的な視点から見ればよいので，学期・学年末あるいは必要に応じて適宜取り入れられればよいだろう。

　④**対人関係のあり方**　第4は，対人関係のあり方である。こうした側面自体が教育目標として重要であるというだけではなく，学習を進めていく土台としても対人関係的なものが重要になる。特に教師との関係についての自己評価は，この意味で重視すべきであろう。また親との関係についてチェックしてみるのも大切である。これらは，「先生（親）によくわかってもらっている」といった項目が挙げられる。友人との関係については「よくわかってくれる友人がいる」，「気の合わない友達とも何とか協力していける」などと，多面的に吟味できるよう，さまざまな点についての項目が準備されているのが望ましい。こうした対人関係に関する自己評価の場合にも，「これからは特にこの点を努力して〜」といったコメントがあればよいであろう。実施時期としては学期末や必要に応じて，随時なされればよいだろう。

　⑤**自分自身の全体的なあり方**　第5は自分自身の全体的なあり方，という側面である。これは，具体的には，「今のままの自分でよいと思う」，「自分に自信と誇りを持っている」，「〜の点ではもう一人前だと思う」などといったトータルな視点からの自己評価である。自分自身の現状の意識や成長の認識について，あるいは自分自身の将来や見通しについて，「これから〜をしていきたい」といったコメントがあればよいであろう。実施時期としては，学期末や必要に応じて，随時なされればよいだろう。

　これらの5つの側面については，基本的には，それぞれの側面ごとにふさわしいタイミングで振り返りの機会が設けられればよい。

　以上，自己評価の意義やメカニズムを概観してきたが，重要なことは，自分自身で振り返ってみることから始まって，「だからこれからは〜」といった決意表明へと至るプロセスを確保する，ということである。こうした意味での振り返りが，自分の中で習慣化され主体化されていくことではじめて，自己教育の構えと力が実現すると考えられる。振り返りを単なる手段と見るのではなく，自分自身が自らを教育していく構えと力を育成する重要な手だてとして，その方法を工夫していきたい。

## 2 教育活動の振り返りを支える学びの理論

　教育活動に振り返りを導入する手だてを考える際，そこで振り返りが行なわれる文脈がどのようなものであるか，またそれを成り立たせている学習とはどのようなものであるか，という学びの理論を明確におさえることが重要になる。さらに，教育活動であるから，どのような文脈で振り返りがなされるのか，そこで育もうとする力とはいったいどのようなものであるか，このことをはっきりさせる必要があろう。ここではまず，「学力」の考え方から，整理して考えたい。

### (1) 学力観

　伝統的な学力モデルでは，教師が説明し，子どもは聞き，低次の思考スキルの習得が強調される。メタ認知に関心がはらわれず，もっぱら網羅的な学習に重きを置く。したがって評価には，記憶したことや理解したことに的を絞る短答式のテストが用いられ，そこでの問題は状況に対してあまり注意が払われず，単一の答えを持つ問題が強調される。また，そこでは通常，事実や公式の習得が強調される。

　それに対して，先行きが不透明な今日，学校教育においては，そのような力の育成のみでは，済まされなくなってきた。高次の思考スキルを強調したり，メタ認知を容易にしたり，足場を提供したり，対話を持ち込んだりと，さまざまなアプローチが要求される。したがって，取り上げられる問題もより複雑で，リアルな生活を映し出すものが選ばれる。それに伴って評価も，知識を保持していることを実演することが要求される。何が実際にできるかを確かめるわけである。また，多面的な教材が駆使されることが推奨され，主要となる概念，有効な方略が強調されるとともに，より質的に深い理解が志向される。これは，社会の中で発揮される能力を学校教育の中でも育成すべきとみなす学力モデルに基づいている。

　伝統的な学力モデルと対比的に見ても，今日的な学力モデルでは，どのような文脈で学びの場を学習者に提供すべきであるのか，学び方が学べるように工夫していくのか，という点を重視していることが明らかである。

　こうした文脈に配慮した形で，学びを育んでいくことを学校教育で重視す

べきとの考え方を裏付ける学習理論となりうるのが，社会的構成主義（social constructivism）と呼ばれる考え方である（Prichard and Woollard 2010）。社会的構成主義では，学習は関わりの中で達成される，とみなす。当然，こうした考え方の中で，振り返りがなされることが望ましい。社会的構成主義的な見方から学習を捉えるのに鍵となる概念を確認していこう。

### (2) 真正性と正統性

社会的構成主義的な見方から，振り返りの文脈をおさえる上で鍵となる概念は，真正性（authenticity）と正統性（legitimacy）いう概念である。

真正性とは，「ほんものであること」を意味する。ここでの「ほんものさ」とは，ある文化の成員が日常的に行なっている実践のことを指し，その活動のことは「真正の活動」（Brown, Collins and Duguid 1989）と呼ばれる。真正の活動の考え方からすれば，学習課題や学習活動，その他の学習状況は意味ある文脈の中で準備することが重要となる。子どもの学習活動を行なう文脈が，そこで得られた知識が実際に使われる文脈と同じであるとき，学びの「ほんもの」性は確保されている，と考える。できることならば，授業中の学習活動が授業外の学習や他のさまざまな経験と関連していることが望ましい。子どもの学習状況に持ち込まれるあらゆるもの（絵や工作品や作文など）はあとあと計画された学習経験で利用されたり，そこに統合されていくようなものである必要がある。このことによって，学校と実生活との間に時として見られる隔たりについて，実はそれはつながっているのだという感覚をもたらしてくれる。

このような真正の活動という視点から教育活動の振り返りを見直すとき，常に教育状況が生活状況との重なりの中でどのような意味を持つのかについて絶えず確認することが重要ということになる。教師にとって振り返りを促そうとする意味ある文脈は，必ずしも子どもにとっての学習において意味をなさない，という点に十分に気をつけたい。

さらに，そうした日常的な実践に対し，自分自身もやがては「あのようにやりたい」，「あんなふうになりたい」といった志向を持っているとき，人はすでに正統性（legitimacy）を持って活動に参加している，という。こうした学びには，なぜ，何を目指して，どこへ行こうとしているのか，という問い，すなわち，振り返りを促す問いかけを常にはらんでいる。

## (3) 参加としての学び

　正統性を持って活動に参加する学びは，「参加としての学び」(田中・前田・山田 2010) と呼ばれる。一般的には，ほんもの性の認知が高いほど参加としての学びは促進される。逆に，ほんもの性の認知が低いならば，参加としての学びは抑制される。たとえば学習活動が，教師から子どもに対して教授内容を伝達するのみのもので，知識が何に役立ちそうか，なぜそれを学んでいるか，といった点が当人にとっても自覚的でないならば，参加としての学びは続かないであろう。とりわけ，知識伝達・受容こそが教授・学習のあり方だと強調する考え方は，トラックモデルの学習観と呼ぶことができる（田中 2000)。それは，運搬者（教師）が，荷物（知識）を正確に受取人（子ども・学習者）に届け，その知識が間違いなく受け取られた証として領収書（成績）を得る，という一連の形で達成されることを学習だとみなす考え方である。こうした知識の伝達・受容は，学びの一側面のみに焦点が当てられているにすぎない。このことに気をつけておく必要がある。

## 3　教育活動の振り返りのための方法論

　教育活動の振り返りについて，さらに深めて考えてみよう。ここでは，正統的周辺参加モデル，参加軌跡モデル，認知的徒弟制モデル，という3つのモデルについて紹介していく。

### (1) 正統的周辺参加モデルによる振り返り

　先述した参加としての学びの最も重要な特徴は，自分自身が正統性を認めた共同体への参加そのものが学びである，とする考え方である。こうした学びの特徴は，レイヴとウェンガーが提唱した「正統的周辺参加 (legitimate peripheral participation)」(Lave and Wenger 1991) という考え方から説明される。

　レイヴらによれば，学びとはすでに正統性を持った参加のひとつの形態なのであり，共同体の中心的な活動の周辺に位置する活動に少しずつ携わるプロセスなのだ，という。人は，ほんもの性の備わった活動を通して，やがて共同体の中での自己の活動を実現し，一人前の成員となっていく。さらにそ

うしたほんもの性を認識する成員が多いほどその文化は世代交代によっても，再生産される。正統的周辺参加に基づく参加としての学びにおいては，振り返りは，共同体の中での自己の位置を絶えず確認し，その位置づけを更新し続けていく，といったことで行なわれる，と考えられる。振り返りの活動は，半ば日常的になされるものであり，気づきのきっかけが当該文脈に埋め込まれた形で設けられている。

　正統的周辺参加モデルによる参加のプロセスの振り返りの方法（山田 2008）について，紹介しよう。共同体への参加者の移行段階について詳細に捉えるのに有効である。

　まず，どのような活動に取り組んでいたのかを特定しよう。子ども自身に活動（たとえば，部活動，サークル，習い事，ボランティアなど）を想起させ，そこでの活動の取り組みや意識について，回答を求めるわけである。具体的には，a. 活動内容（「それは，どのような集団でしたか」），b. 中心的活動内容（「その集団では，特に重視していた活動として，具体的にどのようなことを行なっていましたか」），c. 活動開始時期（「それは，いつ頃から所属していた集団でしたか」），d. 活動期間（「それは，どのくらいの期間，所属していた集団でしたか」），e. 集団活動意識（「その集団で活動する際に，どのような意識を持って活動していましたか」）について尋ねる。

　次いで，活動への取り組み時の意識の内容について確認する。その内容としては，Ⅰ「正統性の意識（この活動は，本当に自分がやりたいと思っている活動である）」，Ⅱ「参加の意識（この集団に自ら進んで参加したいと感じられる）」，Ⅲ「言葉の理解（この集団で共通して使われる言葉を，きちんと理解している）」，Ⅳ「計画性（この集団で提示された課題に取り組むために，計画を立てることができる）」，Ⅴ「ルール（この集団では，問題に取り組む際に，決められたルールがあるように感じられる）」，Ⅵ「コンフリクト（この集団で活動をする際に，葛藤に直面することがあった）」といったものが考えられる。

　振り返りの目的に応じて，これらのいくつかの点に焦点を絞って，集団活動に参加していたときの様子について，図 8-1 のように①集団に入る前，②集団に入った直後，③活動に慣れ始めた頃，④中心的な活動を始めた頃，⑤中心的な活動の最中，⑥中心的な活動を終えた後，⑦集団から出た後，の 7 つの時点において，振り返りが行なえるように，それぞれの時点において，

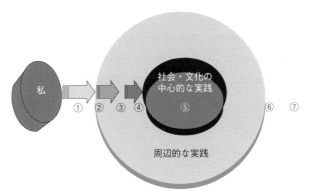

(出所) 田中 (2004)；山田 (2008)

図8-1 正統的周辺参加モデルに基づく参加者の移行段階

上記の意識の程度を尋ねていくわけである。

　このモデルから予想されるのは一般的には，正統性の意識の程度が高いほど，とりわけ活動に慣れ始めた頃のステージから，中心的な活動を始めた頃のステージへと移行する過程の中で，参加の意識の程度が高くなる，という点である。また，こうした移行の中で，その都度の具体的な行為を再確認していくことによって，共同体の成員になっていくプロセスを経てのアイデンティティの維持・形成も可視化される。参加の移行時期に伴って，自分自身の位置づけを確認していくのに有効であるため，自分自身の活動への関与の意味づけを改めて行なったり，活動の意義を考え直したりするための振り返りに活用できよう。その実践例を田中・山田 (2015) に見ることができる。

### (2) 参加軌跡モデルによる振り返り

　理念的には，参加としての学びの振り返りはまた，個々の学び手の志向を見つめながら，準備しておきたいものである。振り返りのポイントとなるのは，活動にいかなる形で参加しているのかという，参加軌跡（トラジェクトリー）を追うことである。ウェンガー (Wenger 1998) は，参加軌跡は，固定化されるものではなく，絶え間ない変化として捉えられるものであるとした上で，複数のタイプが見られると論じている。

　ここでは，参加軌跡をモデルとする振り返りについて，紹介しよう。これは，参加とアイデンティティとの関係を問題とするもので，とりわけ学び手

の志向を捉えるのに，有効である。

①周縁軌跡（non-peripheral trajectories）　選択または必然により，軌跡は十全参加には向かわず，共同体へのアクセスを志向しない。またそれは，アイデンティティ形成に十分に貢献し得る実践を提供しない。この軌跡は，自身の活動に正統性が見出せず，共同体の中心的活動における「無関係性」(unrelatedness)，「非関与性」(irrelevance)を特徴する(Lave and Wenger 1991)。たとえば，「～では自分のやりたいことができない」，「～に望んでることがあまりない」，「～のテーマは他人に決めてほしい」といった形での振り返りがなされる。

②向内部軌跡（inbound trajectories）　新参者は目指す共同体の実践への十全的参加者となろうと参加している。たとえ彼らの参加が今は周辺的であろうと，彼らのアイデンティティは将来の十全参加に向けられている。この軌跡においては，共同体の中心的活動に向けて参加し活動することに正統性を見出すケースが該当する。たとえば，「自分のやりたいことがやっとやれるから楽しみである」とか，「～がこれから始まりそうでやりがいを感じる」といった形で振り返ることになる。

③内部軌跡（inside trajectories）　アイデンティティ形成は目指す共同体への十全的参加者になっても終わらない。その共同体の中では，新しい出来事，新しい要求，新しい発明，新しい世代すべてが，アイデンティティを再交渉するよう仕向けるので，中心参加後もアイデンティティ形成は続く。

　特徴としては，共同体の中心的活動への参加を通じて新たな意味・価値に気づき，自身の活動に正統性を見出すものである。たとえば，「自分の興味に基づき，主体的に取り組んでいる～を評価されることをうれしく思う」，「～のテーマが決まることで自分の方向性が示され，自分が何のためにやっているかについての実感がわく」といったものである。

④境界領域軌跡（boundary trajectories）　実践の境界領域で複数の共同体を結びつけることに価値を見出す。複数の共同体に正統性を認め，いずれにも接近しようとする。境界を越えてアイデンティティを維持することは，このようなブローカー的作業において最もデリケートな作業である。典型的には，複数の共同体での活動を結びつけながら，それらに参加し活動することに正統性を見出す発言がなされたりする。たとえば，「AとBで教わったことが相互で活かされ，それぞれで学びになる」，「XとYでは～が共通して

いて，それが明らかにしたい～となってつながっている」などである。

**⑤向外部軌跡（outbound trajectories）** アイデンティティ形成は通常，共同体に参加する際に行なわれるという観点から見るが，出ていく途上においても新しい関係や世界に気づく視点がもたらされる。外に出ることは新たな方法で世界や自分自身を眺めることを可能とする。典型的には，共同体から離脱し，その途上で新たな意味・価値に気づき，得ることに正統性を見出す発言がなされる。たとえば，「～に入る前に，これから必要とされる～を獲得できたことはよいと思う」，「～を経験したことで，はじめて～したことの理由がより深くわかってきた」といったものである。

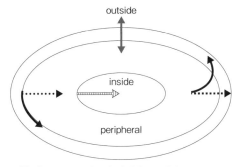

(出所) Wenger (1998) を改変して引用。
図8-2 参加軌跡のタイプ

これらを図化したものが**図8-2**である。繰り返しとなるが，各軌跡は，典型的な軌跡（temporal trajectories）を示しており，変化の方向は必ずしも固定化されるものではない。また，破線は共同体の境界の（boundary）領域を，点線は共同体の周辺的（peripheral）領域を示しており，それらの領域も不断に変容し続けるものとみなす。振り返りの文脈は参加の軌跡に応じて異なりうるもので，それは絶えずどのような状況であるかによって変わってくる，ということも念頭に置くべきであろう。

## (3) 認知的徒弟制モデルによる振り返り

最後に，認知的徒弟制モデルを紹介する。このモデルは，特に教授者側の教える活動そのものの振り返りを考えるのに有効である。

認知的徒弟制とは，「学び手をほんものの実践に巻き込んでいく過程」（Brown, Collins and Duguid 1989）を示したもので，親方が徒弟に技術や知識を教えるという過程そのものを示したものである。あるものは他のものの案

内人的な役割を果たし，そこに学習が成立する，というのが，このモデルの基本的な考え方である．通常，親方が弟子に教えるためには外化（言語を通して外的に表現すること）させねばならず，親方によって示されたそうした過程を観察することによって，弟子は親方とは独立にこうした思考過程をとることが可能になる，と考えられる．

徒弟は，親方によって表現されたスキルを別のスキルと比較考量することによって，振り返る．この振り返りの中で，学習者は自分自身がどの段階に位置づけられるのかについて自覚的になることができる．特にプリチャードらが重視するのは，教室空間において，仲間の親方であるケースであり，その親方のことを「仲間の中の親方（ピア・マスター）」と呼んでいる（Prichard and Woollard 2010）．ピア・マスターの認知的階層性をいかに教室空間で設えるのかが認知的徒弟制モデルでは，重要とする．

ピア・マスターは，他の仲間に繰り返し教え，学習内容を繰り返すという行為を通してその学習内容をよりよく理解し，より深い内容理解をする．また学習内容を仲間に伝えることで，新しい情報源を発見したり新しい単語を創り出したりして，学習内容をよりよく理解し，創造的に学ぶ．場合によっては，教師に比べて，ピア・マスターの表現は，学習者が用いる言い回しの中のことばとして，より明確に位置づけることができたりする．またその場合，教師が親方である場合よりも，弟子である仲間はより積極的に，関わろうともする（第1章図1-10参照）．

また，学習についての活動やスキル，概念を自在に扱うことができるようになった学習者のことを「ピア・シニア」，一定の能力を持っているものを「学習者」，支援を必要とするものを「徒弟」と位置づけている．教師はこうした教室空間の階層性を持った仲間集団に注目しながら，徒弟が，学習者，そして仲間に教えることが可能となっていくピア・シニア，ピア・マスターになることができることを支えるようにする必要がある．

## 4　教育活動の振り返りに向けた実践

これまで見てきたような学びの理論と方法論を教育活動の振り返りの具体的実践に導入するにあたって，どのような点を念頭に置き，どのように工夫していけばよいのだろうか．本節では，これまでの議論を踏まえながら，よ

り実践的な知見を提示していきたい。

## (1) パフォーマンス評価

　真正性と正統性を持たせた学びについて，可能な限り文脈に即して捉え，それを評価しようとする考え方がある。これは，教育評価論の文脈では，パフォーマンス評価（performance assessment）として紹介される。

　パフォーマンス評価とは，評価しようとする能力や技能を実際に用いる活動の中で評価しようとする方法を言う（Hart 1994）。この評価はペーパーテスト中心の評価に対する再考の中から登場した考え方である。学習すべき内容や能力によっては，ペーパーテストでは間接的にしか評価できない場合がある。たとえば，理科の実験・観察技能をペーパーテストで評価しても，その評価結果は必ずしも実験観察活動ができることを意味しない。このようなペーパーテストに対する反省から，一部の学習内容や能力に関しては，求める能力を用いる活動自体を用いて評価すべきであると考えられるようになった。

　パフォーマンス評価の特徴は，実際の活動を通して評価することにある。その特徴としては，おおむね次の事項を挙げることができる。第1に，時間的に長期にわたる学習活動を評価する。理解の実験観察活動や社会科の調査研究活動では，長期にわたる調査研究を要することがある。たとえば，植物の成長の観察記録のように，時間的に長期にわたる観察や調査能力は，ペーパーテストでは評価できないものでありパフォーマンス評価の適合する分野である。第2に，一定の意味ある学習活動を設定し評価する。現実との関連性を強調することで学習したことの応用を重視している。第3に，複合的な技能や能力を用いる課題によって評価する。さまざまな能力や技能を同時に使わなければならないような課題を設定して評価すべきだと考えらえる。実際の生活において遭遇する問題は，ひとつの技能や能力で対処できるものではないという点を強調する意味合いで，こうした課題は，オーセンティック課題とも呼ばれる。第4に，自分でつくりだすことを重視する。パフォーマンス評価は教えられたことを思い出すのではなく，知識や概念，作品などを自らつくり出したり，既存の知識や概念，技能を統合したりして新しいものをつくり出すことを重視する。知識統合を図る授業の中でなされる学習活動の評価において，特に有効に使うことができる。

### (2) オーセンティック課題

それでは実際には、どのような点に気をつけて、オーセンティックな課題づくりを行なえばよいのか。断片的な知識の正確さを問う課題ではなく、以下のような条件に沿って課題で構成されていることが望ましい (Wiggins and Mctighe 2005)。

(1) 現実的な文脈化がなされた、現実に即した課題であること
(2) 判断や知識とスキルの革新が要求される課題であること
(3) ある主題について実行することを求める課題であること
(4) 市民として、個人として、職場で、真に試される文脈をシミュレートする課題であること

表 8-1 オーセンティック課題の一例

〈課題〉
「なくなったラベルをどうしよう？」
　理科室にラベルのなくなった3つの水溶液がみつかりました！　小川先生はとても困っています。(1) (4)
　この3種類の薬品は、塩酸、水酸化ナトリウム、アンモニア水、石灰水、食塩水、酢、水、ホウ酸、のどれかである (5) ことは分かっています。
　とりあえず、それぞれの容器にア、イ、ウとラベルをはりました。
　それぞれ、どれがどの水溶液なのかグループで協力して実験し、ワークシートに書いて (3) 小川先生に教えてください。理科の教科書やノートは、自由にみても (6) かまいません。これまでの学習をフル活用 (2) しよう！
○実験に使って良い器具・材料（すべて使う必要はありません）(6)
試験管、試験管立て、こまごめピペット、3種類の水溶液の入ったビーカー（ア、イ、ウ）、アルコールランプ、三きゃく、金あみ、マッチ、もえがら入れ、蒸発皿、アルミニウム片、鉄片、リトマス試験紙、二酸化炭素入りボンベ、ガラス棒 (5)
※もし他の材料や器具がほしい場合には、小川先生に相談してください。
☆小川先生は用心深いので、次のことが書いてないと納得しません！
1　どんな実験をしたのか
2　実験の結果（事実）が書いてあるか
3　どの水溶液か判断するためのしょうこが2つ以上あり、そこから何の水溶液かがはっきりと書かれているか (5)

(例) 酸性であった。
　　　石灰水を入れたら白くにごった。
　　　→「炭酸水」である。

(出所)　小川 (2009)；田中・高垣 (2014)

(5) 複雑な課題を処理するために知識とスキルを能率よく効果的に用いる能力を評価する課題であること
(6) 試行し実践し，リソースを調べ，フィードバックが与えられるような，透明性の高い課題であること

　このような条件を備えたオーセンティック課題の一例（小川 2009；田中・高垣 2014）を見てみよう。上記（1）～（6）条件に沿ってオーセンティック課題が構成されているという点について，**表8-1**で確認いただきたい。
　本課題では，3つの水溶液が何であるか同定することが求められているが，まさにオーセンティック課題という観点から最も重要な特徴と言えるのは，日常的にありうる場面を設定する中で，そこで期待されるパフォーマンスが，「次のことが書いていないと納得しません」という形で評価規準として示唆されている点である（Hart 1994）。また教育活動においての生活文脈化の期待が，課題の中に十分に込められているところに，ほんもの性を高める工夫がうかがわれる。課題づくりにあたっては，こうした生活文脈化により，子ども自身に学びに対する当事者性を持たせる工夫が望まれるところである。

### (3) ルーブリック

　そして，パフォーマンスを評価するために使われるのが，ルーブリック（rubric）である。教育活動に利用されるルーブリックは，「子どもの学びに対するひとまとまりの評価規準を集めて，その規準についてのパフォーマンスの質に関するレヴェルの記述（評価基準）をしたもの」と定義される（Brookhart 2013）。そこでのパフォーマンスは，**表8-2**のように「過程」と「作品」とに分けられる。
　パフォーマンスの質の違いを記述語によって明確に示すルーブリックは，振り返りの視点を明確にすることを支援する。たとえば，理科の授業の観察における課題意識の質の深まりの程度をルーブリックの形式で示したものが**表8-3**である。ルーブリックの提示によって，何に気をつけながら観察すればよいのかという規準の示唆が得られる点で，まさにパフォーマンスを振り返りながら，学びを深めていくのに効果がある。たとえば，**表8-3**の「あと一歩」から「良い」のレヴェルに至るために，おさえるべきポイントがルーブリックにはきちんと書かれている。「詳しくみるのかがはっきりとし」て

表 8-2　ルーブリックで評価できるパフォーマンスのタイプ

| パフォーマンスのタイプ | 例 |
| --- | --- |
| 過程<br>・身体技能<br>・器具の使用<br>・口頭コミュニケーション<br>・学びの習慣 | ・楽器を演奏する<br>・前転をする<br>・顕微鏡のスライドを準備する<br>・学級の前でスピーチする<br>・音読する<br>・外国語の会話をする<br>・一人学びをする |
| 作品<br>・構成した事物<br>・書面の小論文，報告書，学期末レポート<br>・概念の理解を演示する他のアカデミックな作品 | ・木製の戸棚<br>・議論をまとめたもの<br>・手作りのエプロン<br>・水彩画<br>・実験報告書<br>・劇場の会話に関する学期末レポート<br>・マーシャルプランの効果に関する書面の分析<br>・ある構造（原子，花，太陽系）に関するモデルや図式<br>・概念マップ |

（出所）　Brookhart（2013）

表 8-3　観察レポートにおける課題意識の深まり

| | 課題意識の深まり |
| --- | --- |
| 記述なし | 観察しておらず，記述もみられない。 |
| あと一歩 | 観察はしているが，観察の焦点が少ない。記述は羅列的で，なぜ詳しくみるのかがはっきりとしない。 |
| 良い | 観察の焦点が定まっており，比較したり変化したりする様子を含めて観察できている。予想を立てて観察しており，観察を通して何らかの発見や示唆が導き出せている。 |
| すばらしい | 観察の焦点が定まっており，比較したり変化したりする様子について数値・記号等の情報を駆使してきわめて詳細に観察できている。予想を立てて検証する観察ができており，観察したことを理由づけたり，関連づけたりして総合的に現象を捉え，新たな発見や示唆が観察事実をもとに論理的に導き出せている。 |

（注）　本文中に引用する部分には下線を引いている。

いることが観察には大切であり，より「良い」観察であるためには，「焦点が定ま」り，「比較したり変化したりする様子」を見ることが望ましい。さらに，「予想を立てて」，「発見」や「示唆」が得られることが大切だということがわかる。そして，「焦点が定ま」りつつも，「数値・記号等の情報を駆使してきわめて詳細」であることが重要で，さまざまな知見を「関連づけたりして総合的に」見ることがより深い課題意識を持った観察であり，優れた観察レポートになる，といったことがわかる。これに，各レヴェルに該当するパフォーマンス事例を付けておくと，その特徴をより明確に把握することが可能になる。

　ただし学びの質は，ルーブリックで見た評価規準ごとの質的レヴェルの部分の集合体以上であるということを念頭に置く必要がある。ルーブリックは，①子どものランク付けをしたり，②学習への外的な動機づけとするというのではなく，③現下の子どもの学習レヴェルを熟知し，次の学びのための振り返りへつなげる道具だとみなすならば，ルーブリックは学びの質を深めるための評価につながっていく（Kohn 2006）。つまり，子ども自身がルーブリックを使えるようになること，むしろ振り返りの過程に組み入れることに意義深さがある，という点に注意されたい。それぞれの評価規準の質を挙げて，目標つぶしのようなことをしても，学びの質全体を評価したことにはならないからである。

　こうした点に気をつけることで，ルーブリックを用いて振り返りを行なうことは，知識理解の定着を促し，次への見通しをつくりだす。また，ルーブリックによって教師は一人ひとりの子どもが現在の活動の課題を確認し，学びの責任の委譲を果たすこともできる。そうすることで，個人ではなく，教室単位として振り返りができる。それは具体的には，ルーブリックで示した評価規準自体を教室全体で見直したり，評価の仕方そのものを反省したりする場面として表われる。評価規準そのものをめぐる，こうした不断のやり取りが，学びのための評価の文化を維持・形成していくことになる。

## (4) ポートフォリオ

　そして，個人の学びの履歴を具体的に振り返るための手段として注目されるのが，ポートフォリオ（portfolio）である。ポートフォリオとは，元来，入れ物なり容器のことで，芸術家の作品を収めた画集，銀行などで顧客リス

トを収めた紙ばさみがその例にあたる。教育活動では,「ポートフォリオとは,生徒が達成したことおよびそこに到達するまでの歩みを記録する学習者の学力達成に関する計画的な集積」(高浦 2000) と定義されている。すなわち,入れ物の中に,子どもの学習の過程や成果に関する記録を計画的に集積したものがポートフォリオと考えられる。

ポートフォリオは,さまざまな活動を振り返るための効果的なツールとして応用されていて,子どもの学習のみならず,教師が自身の指導観や教育活動記録を収めたりするのに使われるやり方もある。またポートフォリオには,多種多様な資料が駆使される。多種多様な資料を駆使することで,子ども自身がどの程度ある事柄について深く理解しているのか,あるいはどこまで追求できているのか,といったほんもの性の高い学びにつなげる振り返りのためである。

そしてポートフォリオを用いた振り返りにおいては,まず,個々の子どもたちの学習過程を振り返り,次の目標を明確にする。たとえば,長期的な課題に取り組む際には,これまで調べたこと,集めたことなどをうまく整理して,そのあとの計画を立てることに生かされる。さらにポートフォリオを教師と子どもが一緒に,あるいは子ども同士で共有しながら,評価の視点や基準を共有したり,目標設定につなげたりすることへも生かされる。こうした共同の検討のための場はポートフォリオ検討会と呼ばれる。

ただし,ポートフォリオにも,課題がある。たとえばポートフォリオは,実際の入れ物としては,リング式ファイルやクリアフォルダーなどが用いられてきたが,こうした紙ベースのものでは編集・検索がしにくい,音声や動画に対応できない,保管スペースが必要になる,遠隔の場所から閲覧することができない,といった限界がある。さらに,集積するのみで,評価に生かされない,といった懸念もある。そのため,近年では,電子化・ネットワーク化したeポートフォリオの活用も進んできている (高浦 2000)。

こうした課題があるにせよ,相互の理解を深め,次の学びに向けた決意表明をより促しやすくするポートフォリオは,子どもの自己教育力を育て,自身の思考を追跡して評価し改善するメタ認知的反省力を育てる上では,高い効果が見られることも事実である。子ども自身が過程情報を得ることができ,次なる改善への意欲を高めていくことにつなげられるからである。ポートフォリオでの評価は,参加としての学びの考え方に無理なく馴染み,参加軌

跡を捉えるのに，有効に機能する。さらに個々の学びの軌跡を振り返り，振り返りの基本単位としての自己評価が組み込まれ，学びの志向の生成につながるという効果も意義ある点として注目したい。

■参考文献

Brookhart, S. N. 2013 *How to Create and Use Rubrics for Formative Assessment and Grading*, Association for Supervision & Curriculum Development.

Brown, J. S., A. Collins and P. Duguid 1989 "Situated cognition and the culture of learning," *Educational Researcher*, 18（1），32–42.

Hart, D. 1994 *Authentic Assessment : A Handbook for Educators*, Dale Seymour Publications.（田中耕治 2012『パフォーマンス評価入門――「真正の評価」論からの提案』ミネルヴァ書房）

梶田叡一 2010『教育評価 第2版補訂2版（有斐閣双書）』有斐閣.

Kohn, A. 2006 "The Troubles with Rubrics," English Journal, 95（4），12–14.

Lave, J. and E. Wenger 1991 *Situated Learning : Legitimate Peripheral Participation*, Cambridge University Press.（J. レイブ／E. ウェンガー 1993『状況に埋め込まれた学習――正統的周辺参加』佐伯胖訳，産業図書）

小川博士 2009「パフォーマンス型オーセンティックタスクの実践」『片平克弘科研報告書』pp.37-51.

Pritchard, A. and J.Woollard 2010 *Psychology for the Classroom : Constructivism and Social Learning*, Routledge.（A. プリチャード／J. ウーラード 2017『アクティブラーニングのための心理学――教室実践を支える構成主義と社会的学習理論』田中俊也訳，北大路書房）

高浦勝義 2000『ポートフォリオ評価法入門』明治図書.

田中俊也 2000「ネットワーク社会における新しい教育――捨て去るものと引き継ぐもの」園田寿編著『知の方舟――デジタル社会におけるルールの継承と変革』ローカス，pp.59-77.

田中俊也 2004「状況に埋め込まれた学習」赤尾勝己編『生涯学習理論を学ぶために』世界思想社，pp.171-193.

田中俊也・前田智香子・山田嘉徳 2010「学びを動機づける「正統性」の認知――参加としての学びの基本構造」『関西大学心理学研究』1，1-8.

田中俊也・髙垣マユミ 2014「オーセンティック評価の観点から卓越性の科学教育を評価する」『日本科学教育学会年会論文集』38，225-226.

田中俊也・山田嘉徳 2015『大学で学ぶということ――ゼミを通した学びのリエゾン』ナカニシヤ出版.

Wenger, E. 1998 *Communities of Practice : Learning, Meaning, and Identity*,

Cambridge University Press.

Wiggins, G. and J. Mctighe 2005 *Understanding by Design*, ASCD.（G. ウィギンズ／J. マクタイ 2012『理解をもたらすカリキュラム設計——逆向き設計の理論と方法』西岡加名恵訳，日本標準）

山田嘉徳 2008「学びのトラジェクトリーに関する量的・質的研究——正統的周辺参加論に基づいた共同体への参加過程」『心理学叢誌』1，41-56.

=コラム5=

## 「そういうとこ嫌いやねん」

　私は，学校内を巡回しながら生徒と関わり，子どもたちの成長を先生方とともに見守らせていただいている。そんな中，「教室にいない生徒」が先生の悩みの種になるという場面をたくさん見てきた。不登校はもちろん，別室登校，遅刻，無断欠席，早退，授業中の廊下徘徊……。学校は慢性的に人手不足なので，教室にとどまってくれない生徒を誰が対応するのか。十分に対応できないことも多いのだが，彼ら彼女らは，誰よりも人との関わりを求めている生徒だな，と日々の様子から感じることが多い。

　学年に200人の生徒がいれば，いわゆる「不良少年・少女」と呼ばれる生徒が数人はいるものだろう。指定以外の制服を着用して通学する，頭髪は茶髪で，耳にはピアス。学校に持ってきてはいけないものを必ず1つや2つ持ってきて，自転車登校が認められていなくても学校の付近まで自転車で来て道端に駐輪する「闇チャリ」登校。ありとあらゆる違反を犯しながらも，学校にやってくる彼ら彼女らに手を焼く学校や先生は多いと思われる。

　私が勤める中学校にも，毎年学年に2～3人はそういった「不良」の生徒がいる。特に印象深かったAさんも，1年生の頃から生徒指導部に日々注意され「問題児」として名高かったのを覚えている。2年生のときから，彼女の担任になった先生は毎日のように彼女と衝突し，文字通り毎日罵声を浴びせられながらも，彼女との関係を構築するため奮闘されていた。そんな彼女が中学3年生の秋に，全校生徒の前で泣きながら担任に感謝の気持ちを述べるというサプライズを実行。しばらく職員室がAさんの話で持ち切りになったのを覚えている。

　「いままで迷惑かけてごめんな。ありがとう。卒業まで，たぶんまだまだ迷惑かけると思うけど，よろしくお願いします」。

　学校一の「不良少女」が，泣きながら話す言葉に全校生徒も息をのんで聞いていたことだろう。

　彼女と担任の関係性が変化してゆくのを，間近で見せていただいた私は，変わっていったのが彼女だけでないことに気づかされた。彼女を受け持った当初，担任は私のところに「私のやり方がいけないんでしょうか」「私が間違っているんでしょうか」とよく聞きに来られていた。その先生は，長年の経験から培われてきたやり方でAさんに接してきていた。それで伝わる生徒もいるはずだ。しかし，Aさんとの関係の中ではその方法は通じなかったわけだ。しばらくすると，担任の質問が「なぜ彼女はあんなことを言うんで

しょうか」「あの行動は何のためにしているんでしょうか」というものに変化していった。担任の姿勢が変化するとともに、Aさんの言動も徐々に歩み寄りを見せてきた。「こっち来んな」「おまえ嫌いやねん」と言っていた彼女が、ある日「あんたのそういうとこ嫌いやねん」と言ったと聞いて、彼女が担任の存在を認めざるを得なくなっていることを確信したのも鮮明に記憶している。

　子どもたちの行動ひとつひとつは、必ずと言っていいほど、誰かに対するメッセージを含んでいる。それは家族に対してかもしれないし、クラスメイトに対してかもしれないし、先生に対してかもしれない。そのメッセージに気づいてもらえなければ、さらに強いメッセージを発さなければならなくなる。問題行動はエスカレートし、不登校は長期化する。そのひとつひとつを正確に受け取ることは簡単なことではないが、メッセージを発していることに気づいてあげることはできる。そしてそれが何なのかを理解しようとしているという姿勢を示すことができれば、それだけで安心して歩み寄れる生徒もたくさんいることを是非覚えておいていただけたらと思う。

　学校生活で子どもたちは先生から多くのことを学ぶ。知識や教養にとどまらず、ひとに自分の存在を受け入れてもらう喜びや信頼のできるひととの関係性の心地よさ、そして信用してもらえることで得られる自信。そういったものをできる限りたくさん経験して社会に飛び立ってもらいたいものだと日々願っている。

（臨床心理士・中学校勤務）

# 第9章

# 教育実践の質的研究方法

本章では，実践志向の強い分野で注目されてきた質的研究について論じる。質的研究の世界観と技法について理解を進め，研究の「質」を高める姿勢と方法を修得しよう。

## 1 質的研究の世界観

### (1) 質への着目

心と社会に関わる諸科学は，自然科学の厳密さを模範とし，原因と結果を明確に分離すること，現象を測定し定量化すること，結果の一般化が可能な研究デザインにすること，普遍的で妥当な法則を公式化することなどが，主たる研究の指針とされる。よって，サンプルの代表性を高めるために無作為抽出がなされ，具体的なケースからできるだけ離れて，普遍的にあてはまるような形で結論が述べられる。また，因果関係とその妥当性をできるだけ明確にするために，研究対象とする現象が発生する条件をできるだけ統制しようとする。そして，研究者の影響をできる限り排除するように研究がデザインされる (Flick 1995＝2002)。

こうした心理学的研究のありかたに対し，研究対象の複雑なありようには開かれた適切な研究の方法をとる必要があるという省察とともに，質的研究の道は拓かれてきた。質的研究では，方法ありきではなく現実に見られる現象を基準に研究の方法が選ばれ，対象となる人びとをその複雑なありようのままに，日常の文脈のなかで生きる生活の場において，捉えることが目指される。日常生活の例外的な状況や少数派の人びともしばしばとりあげられる。こうした多様性の把握に対応するべく，質的研究では研究対象に対する

開放性が重んじられ，それはさまざまな手続きを通して高められる。
　もっともこのことは，質的研究を，数量的データに対して質的データをあつかう研究であるとするような，単なるデータ処理法としての理解にとどめるものではない。さまざまな方法はそれぞれの理論的アプローチとともにある，ということは，質的研究の特徴のひとつでもある（Flick 1995＝2002）。質的研究を成立させているもとにある，経験世界をどのようなものとしてみるのかというものの見方をまずもって理解しておくことは重要である（やまだ 2004）。

### (2) 実践を志向し，新たな見えを拓く研究法

　質的研究の代表的な理論的アプローチを，フリック（Flick 1995＝2002）は次のようにまとめる。主観的な視点に着目するもの，相互作用の形成と進行に焦点があてられるもの，社会的フィールドや行為の背景にある隠れた意味に着目し再構成しようとするもの，である。このように理論的アプローチが複数存在しているのは，質的研究が多様な母体から発生していることによる。能智（2011）のまとめを参考に，質的研究の起こりとその後継のありようを概観しよう。
　質的研究の源流とされる学問分野のひとつである文化人類学では，質的な記述が重視され，また実践を研究する土台のひとつとして，所属する文化や社会によって世界の見え方が異なることへの気づきが生まれた。同じ頃の19世紀末から20世紀前半にかけて，心理学においても実践をターゲットにした質的研究の萌芽が見られる。ヴント（Wundt, W.M.）の民族心理学や，フロイト（Freud, S.）の症例研究，ピアジェ（Piaget, J）の認知発達の研究など，言葉によって対象を記述し数量化や統計的な分析に頼らずに結果を分析していくという点で，広い意味で，質的研究が生まれている。レヴィン（Lewin, K.）の提唱したアクションリサーチもまた20世紀前半に生まれたものであり，現実の秩序を写し取るのではなく現実をより望ましい方向に変えていこうとするという点で，実践を研究活動と結びつけていこうとする姿勢が捉えられる。1940年代に導入されたアクションリサーチは，現在では，さまざまな理論的立場，方法論，社会的意義づけや価値観をもとに遂行されるアプローチを含んでいるが，参加的で，経験や実践現場にもとづき，そこに何らかの働きかけを行なう研究アプローチの総称であると理解できる（保坂 2004）。
　第二次世界大戦後には，経験および現実の多様性を明らかにしようとする

動向が生じ，遠隔地に住む明らかに異なる文化を生きている人ばかりではなく，同じ文化にいると思われてきた身近な人びとが，関心の対象とされた。1960年代には，現場からのデータをもとにボトムアップで理論を作り上げる質的研究の方法である，グラウンデッド・セオリー・アプローチが提唱されている。グレイザー（Glaser, B.G.）とストラウス（Strauss, A.L.）による「死のアウェアネス理論」（Glaser and Strauss 1966＝1988）は，このころにまとめられたグラウンデッド・セオリーの代表的なものである。そして1980年代を通して，質的研究は，看護学や教育学など，より実践的な学問領域に広がっていき（Leininger 1985＝1997），実践それ自体に関する研究や，実践者および実践の対象者の体験に関する研究が行なわれるようになっていった（能智 2011）。

現在の質的研究は，1990年頃からはじまったナラティブ・ターン（物語的転回）という質的研究の転換を経て新しい時代を迎え，多様性や多声性を重視し，多方向への創造的生成を許容するところに特徴がある（やまだ 2007a）。

### (3) 質的研究で描く世界

質的研究では何をどのように捉えるのだろうか。質的研究について，能智（2001）は，あつかわれるデータと結果の表示が質的である研究だとする。質的研究は，数量化や数学とは異なる，文化・社会に媒介された文化的道具としての言語を積極的に生かすことによって，人間生活の多様性を記述し，予見し，人間生活を実践的に変化させるために寄与する研究である（やまだ 2007a）。もっともここで留意したいのは，質的研究が，ことばを中心とした質的なデータを，ことばを用いて収集し分析を行なうことを要件とするものではない，ということである。むしろ本質なのは，言語という世界を捉える概念的な道具を使って，新たな視点の探索とものごとの見えの更新を試み，それまで見落とされてきた現実を描く地図を仮説的に作り上げていくことである（能智 2005）。質的研究では，ことばを大事にしつつもその使用に限定することなく，具体的な事例を重視し，それを文化・社会・時間的文脈の中で捉え，人びと自身の行為や語りをその人びとが生きているフィールドのなかで理解しようとする（やまだ 2004）。したがって，ことばはもとより，図や映像，音声など，出来事の様態を写したり記したりしたもの全般が対象となる（澤田・南 2001）。

能智 (2011) は，研究を「体系的な情報収集とその分析を通じて他者に伝達可能な意味のある知を産み出すためのプロセス全般」(McLeod 2003) であるとし，次のように地図作りにたとえている。実証主義にもとづく量的研究では，現実が客観的・実体的に存在するという信念のもと，地図作りでは，その実在の配置や関係をコピーする。他方，質的研究では，すべての人が共通に直面する普遍的・客観的な現実はもともと存在せず，特定の視点から地図を作ることで，それを使ってやりとりする人びとの間で現実が生み出されると考えるため，描く地図のタイプも単一ではない。それは，これまで伝統的な研究が捉え損なってきた現実のいくつかの側面に対応させて，①主観に現われてくる意味の世界の地図，②主観的な意味を支える構造を描き出す地図，③意味の世界が立ち現われる過程を示す地図，④地図の作成過程を描く地図，の4つにまとめられる。①は，客観的な事物によってではなく，個人の語りや振る舞いをもとに，個人が持つ独自の意味世界の体系や生きる世界を探求し表現していこうとする方向性である。②は，個人の主観的な世界や行為の背景にある社会的・文化的な規範や秩序を探求しようとする方向を持つ研究があてはまる。③は，個人が体験する意味の世界の生成変化の過程を描き出すものである。その際，意味の生成に重要な役割を果たしている他者との相互作用，それが生じる社会・文化・歴史的な文脈との関わりを対象に据えて，研究が進められる。そして④は，研究者の研究対象を見る視点や，その視点が対象者のありかたをも変化させうるものであることに自覚的になり，研究者と対象者が相互作用したりアクションを担う研究者自身の姿も含めて捉え，現実に働きかける過程を詳細に描き出すものである。
　こうしたタイプ化は，いわば質的研究を理念的に分類するものであるが，質的研究で捉えることのできる世界観への理解を深める上で有用であるだろう。また同時に，これら4つの地図を現実の新たな側面を見出し開拓していくための叩き台にするとよい，とする能智の提案には，ものの見方を拓いていくという質的研究の重要かつ基本的な特性が透けて見えてくる。このように，質的研究における多様で複眼的なものの見方に意識的になりながら，他方で，対象を捉えるための具体的な方法を身につけることが必要となる。

### (4) 質的研究法の布置
　複数ある質的研究法について，サトウ (2015) は，研究が目指すものが実

存性なのか理念性なのかという「実存性－理念性」の軸と，研究において明らかにしようとするものが構造なのか過程なのかという「構造－過程」の軸によって構成される2次元のマトリクスに布置し4類型で示すという試論を，更新的に展開している。その類型は，ひとつに，実存性に迫り構造を捉え，「記述のコード化」を行なう質的研究法群である。そこにはたとえばKJ法が該当する。2つめは，理念性に迫り構造を捉え，「理論構築」を行なうものであり，たとえばグラウンデッド・セオリー・アプローチ（Grounded Theory Approach：GTA）があてまる。3つめは，実存性に迫り過程を捉え，「モデル構成」を行なうものであり，たとえば複線径路等至性アプローチ（Trajectory Equifinality Approach：TEA）があげられている。4つめは，理念性に迫り過程を捉え，「記述の意味づけ」を行なうものであり，たとえばナラティブ分析が分類されている。

　こうした布置は，研究者が，自らが探求しようとする対象にそくして分析方法を選択する上で，有用である。ここではとりわけ「構造－過程」の軸に着目し，代表的な質的研究法について概説する。次節ではまず，「構造」を捉える研究法として，KJ法，GTA，M-GTAを取り上げ，その特徴を順に説明する。

## 2　構造への接近

### (1) KJ法

　KJ法とは，川喜田二郎が提唱した，「書斎科学」「実験科学」に対置する研究分野である「野外科学」において，データをまとめるためのツールとして考案されたものであり，発想法としても用いられる（川喜田 1967）。KJ法の分析のプロセスは，データのカード化を行い，グループにまとめ，一行見出しをつける，ということを何度か繰り返し，最終的にまとめられたグループ間の関連を考え記述する，というものである。

　より具体的に記そう。まず，インタビューデータなどを対象に，ひとつの意味のある文章のまとまりをひとつの単位としてカードに書き出す。長く話していることでもひとつの内容としてまとめられるなら一枚のカードにする。逆に，短くても複数のことが話されている場合は複数枚のカードにする。次に，カードを，大きな紙の上にすべて広げて，似ているカードを少しずつま

とめながら最小単位で小さなグループをつくっていく。どのグループにすればよいかがわからなければ、無理にどこかのグループに入れてしまわずそのままにしておく。そして、グループのひとつひとつに、グループの中身がわかるように一行見出しをつける。見出しを考える際、同じグループにまとまると思っていたものでもしっくりこない、というカードも出てくるかもしれない。その場合には、別のグループに分類し直したり、独立したカードにするとよい。一通り見出しをつけ終わったら、全体を見渡し、小グループのいくつかを統合してもう少し大きなグループにまとめられるかどうかを考える。新たなグループ作りができたら、そのグループに一行見出しをつける。このようにして、これ以上はまとめられないというところまで、グループ編成と一行見出しをつけることを繰り返す。その後、一番上のレベルの大グループを見てグループ同士に何らかの関連があるかどうかを考え、似ているグループが近くになるように配置し直す。関連がある場合には、矢印などの記号を用いて結ぶ。グループ間の関連には、因果関係、上下関係、同値、時間的推移などがある。

　KJ法はボトムアップな方法である。KJ法を行なう際には、先入観や仮説に沿って分けたり、先にグループを作ってそこに似たカードを配置する、というやりかたをとってはいけない。ボトムアップ式であるからこそ、概念や予測と異なる意外な構造が現われることがあり、そしてそこから、「なぜこうなったのだろうか」という疑問をもとにした発想がはじまる。KJ法が発想法とも呼ばれる所以である（安藤 2004）。

## (2) GTA

　グラウンデッド・セオリー・アプローチ（Grounded Theory Approach：GTA）は、バーニー・グレイザー（Glaser, B.G.）とアンセルム・ストラウス（Strauss, A.L.）によって創始された研究方法である（Glaser and Strauss 1967 = 1996）。GTAは、1960年代の量的研究を用いた「理論の検証」だけを偏重するあり方への疑問から生まれ（戈木クレイグヒル 2008）、データに根ざして分析を進めるものであり、データに基づいた理論産出法と呼ばれている（戈木クレイグヒル 2005）。GTAでいう理論とは、データから抽出した複数の概念（カテゴリー）を体系的に関係づけた枠組みのことであり、ある状況をある人たちがどう捉え、どう反応するのか、どのような行為／相互作用や出来事が起こるのかを説明するとともに、今後何が起こるか捉えようとするもの

である（戈木クレイグヒル 2006）。

　GTAの中核的特徴には，豊富なデータを収集すること，カテゴリーを析出すること，試案的に析出したカテゴリーや分析過程で浮かび上がった問いをさらに探索するべくデータを収集するといった絶えざる比較を行なうこと，理論的サンプリングと理論的飽和，がある。理論的サンプリングとは，ひとりないしは少数の協力者に対してデータ収集し分析を行ない，その分析にもとづき次に探索するべき協力者を選定するという，内容にもとづいたサンプリングのことである。そして，これ以上のデータを追加しても新しい発見が得られないと判断されたところでデータ収集を終える方針がとられるのが，理論的飽和の考え方である（小林 2016）。

　GTAにはいくつかの異なるタイプが存在する。グレイザーとストラウスの立場や考え方の変化とともに方法は二分化し，異なった研究方法となっている。日本では，木下（1999；2003）がプラグマティズムに立脚して独自の修正を加えたM-GTAを提案している（次項参照）。他に，研究者自身もまた研究する世界とデータの一部と考える社会構築主義的なバージョン（Charmaz 2006＝2008）も生みだされている（戈木クレイグヒル 2006；能智 2011）。ここでは，日本でよく知られている（小林 2016），ストラウス・コービン法に依拠する戈木クレイグヒル滋子による手順を示そう。

　まず，どっぷりとつかって読み込んだデータを，意味のまとまりごとに切片化する。データの切片化は，データを文脈から切り離して細かく検討するためと，研究者がデータから距離をとるために行なうものであり，このことは，データへの感受性を高めることにもつながる（戈木クレイグヒル 2006）。切片化の単位について，Basics of Qualitative Research（Strauss and Corbin 1998）では，データのリッチさ——文字に起こしたときの話し手と聞き手の話した分量や，抽象的なことや建前ではなく具体的な話を本音を語っているかということ，話されることの意味がはっきりしないままに勝手に推測して話を続けていないかということ——によって，単語ごと，文章ごと，段落ごと，ページごとというように区切りが変わるとされているが，その判断は結構難しい。したがって戈木クレイグヒル（2005）は，とりあえず慣れるまではひとつの文章にひとつの名前をつけ，もし文章の内容が複数にまたがっていれば途中で切っていくつかにすればよいだけのことであると，ゆるやかなやりかたを初学者に勧めている。

GTA の分析は，オープン・コーディング，アクシャル・コーディング，セレクティブ・コーディングという 3 つのコーディングから成り立っている。これら 3 つのコーディングを通してカテゴリー(概念)を見出し，カテゴリー同士の関係を把握して理論をつくりあげるのである。まず，オープン・コーディングでは，切片化したものだけを読んで「プロパティ」と「ディメンション」を抽出し，切片の内容を適切に表現すると思われるラベルをつける。次に，プロパティとディメンションを生かし，似たラベル同士をまとめて上位の概念であるカテゴリーをつくる。なお，プロパティとはそのデータが有する特性や属性のことであり，ディメンションとはその特性・属性における次元のことである。簡単な例をあげて説明しよう。たとえば「りんご」をプロパティとディメンションで表現すると，「かたち」というプロパティに対して，「丸い」というディメンションを抽出することができる。プロパティとディメンションは，切片化した事例の中にパターンや特徴を見出し，ある程度抽象的なレベルでカテゴリーや理論を析出していく上で，有用な手がかりとなる (小林 2016)。その後，オープン・コーディングでつくられたカテゴリーを，関連づけたり階層関係を明らかにしていくアクシャル・コーディング，アクシャル・コーディングで産出されたカテゴリーの関連と理論を，同じ領域の異なる現象をも説明できるようにより抽象度の高いものにしていくセレクティブ・コーディングの分析段階が設定されている (戈木クレイグヒル 2006)。

## (3) M-GTA

　修正版グラウンデッド・セオリー・アプローチ (Modified-Grounded Theory Approach：M-GTA) は，日本で，木下康仁によって考案された (木下 1999；2003)。木下 (2003) は M-GTA の技法の主要特性をいくつかあげているが，ここではとりわけ，①分析テーマを設定すること，②データ範囲の方法論的限定，③分析焦点者を設定すること，④データの切片化をしないこと，⑤研究する人間の視点を大事にすること，⑥分析ワークシートを活用すること，⑦段落分けせずに分析作業を行なうという解釈の多重的同時並行性，に着目して説明しよう。これらを明確にすることにより，先述の GTA との差異をより具体化させる形で，M-GTA に関する理解を進めることができるだろう。

M-GTAでは，①研究テーマと区別される，より具体的な照準や方向性を持った「分析テーマ」を意識的に見出していく。分析テーマの設定には2つの段階がある。まず，研究の動機・社会的意義・学術的意義の確認や，インタビュー調査であれば質問項目の設定など，研究計画段階において，内省と考察を踏まえた絞り込みを行なう。そして，データを収集し，逐語録を作成・熟読して，分析によってデータの特性を把握していく段階で，データの特性にそくして分析テーマの修正・確定を行なうのである。②について，M-GTAで目指す理論が領域密着型理論であることから，最終的に生みだす理論に関し，特定の現象を説明する理論として通用する範囲がどのようなものか，という観点は重要である。「データ範囲の方法論的限定」は，基本的に，データ収集以前の研究計画段階と，データを収集し本格的な分析にとりかかる段階で行なわれる。またデータ分析に先だって，③具体的な分析対象者を抽象化した「分析焦点者」を設定する。人間集団の行動に関する説明と予測を可能にする理論の産出を目指すM-GTAでは，分析対象者個々人の視点のみならず，分析対象者という人間集団に関わる視点，さらには，直接分析の対象になってはいないが分析対象者と同様の経験や属性・特性を共有する人間集団の視点を重要視する（山崎 2016）。

　データ分析に際しては，④切片化を行なわないことも特徴的である。分析者は問題意識と目的をもって調査を行なっているにもかかわらずその部分を遮断し，一見論理的でニュートラルな視点があるかのようなデータ解釈のあり方ともいえる切片化は，M-GTAでは不自然とされる。むしろ，⑤分析をする研究者，すなわち「研究する人間」を前面に出してその問題意識に忠実に，文脈の理解を重視し，そこに反映されている人間の認識や行為や感情，それらに関係している要因や条件などを，データにそくしてていねいに検討していくことが目指されている。⑥分析ワークシートは，データから概念を生成するが概念ができればデータを捨てる，というM-GTAの分析特性を具体的に作業化するためにある。「研究する人間」による解釈を重視することをはっきりさせるために，解釈できたらデータ全体から離れ，生成した概念に移行し，データとの距離を一定にするのである。解釈の主体を「研究する人間」として明確化することで，データと概念の関係を非連続的なものとし，よって，視点の切り替えが可能となる。データの解釈から概念を生成する際，その概念と関係するであろう未生成の他の概念も検討していくが，それは⑦

分析作業を段階分けしていないからこそできることであり，こうした解釈の多重的同時並行性を大事にする。

M-GTAで生成する理論は，①特定の人間集団の行動に関する説明と予測に役立ち，その現象が起きている現場で応用可能であること，②予測が可能であるように，社会的相互作用の展開過程が明快かつ説得的に示されていること，③応用者が活用しやすいように，十分コンパクトでインパクトがあることを要件とする（山崎 2016）が，こうしたことは，前述のようなM-GTAの分析特性に支えられているのである。

以上，「構造」を捉える質的研究法である，KJ法，GTA，M-GTAの輪郭をつかんでいただけただろうか。次節では，「過程」を捉える質的研究法として，とりわけTEAとナラティブ分析に焦点をあてて説明する。

## 3　過程への接近

### (1) TEA

複線径路等至性アプローチ（Trajectory Equifinality Approach：TEA）は，文化心理学に依拠した過程と発生を捉える質的研究の方法論である。TEAは，文化的・社会的な影響のもとにある人のありようを時間経過のなかで記述する「複線径路等至性モデリング（Trajectory Equifinality Modeling：TEM）」と，対象選定の理論である「歴史的構造化ご招待（Historically Structured Inviting：HSI）」と，内的な変容過程を理解・記述するための理論「発生の三層モデル（Three Layers Model of Genesis：TLMG）」によって構成される。TEAの開発過程の観点からも方法論の観点からも，TEAの中心にはTEMがある。以下ではまず，TEM，HSI，TLMGについて理解を進めていこう。

TEMとは，等至性（Equifinality）の概念を発達的・文化的事象に関する心理学的研究に組み込もうと考えたヴァルシナー（Valsiner 2001）の創案にもとづき開発された，人間の文化化の過程を記述する手法である。等至性の概念では，人間は開放システムと捉えられ，時間経過の中で，また歴史的・文化的・社会的な影響を受けて，多様な軌跡を辿りながらもある定常状態に等しく（Equi）到達する（final）存在（安田 2005）とされる。「等しく（Equi）到達する（final）」とは，ある経験をした人たちが時間の流れの中で同じよ

うな行動や選択に至る，ということを意味する。つまり，ある経験に関わり同じような行動や選択に至った人たちを研究の対象とし，その行動や選択に焦点をあて——それはすなわち等至点（後述）である——，そこに至りその後に持続する人の発達や人生径路の多様で複線的なありようを，時間経過と文化的・社会的な背景とともに捉え描き出す。

　HSIは，等至点として設定したある行動・選択やそこに至った人びとを研究の対象とするという，対象選定の理論である。歴史的に構造化されているがゆえの収束ポイントである等至点を，研究目的にもとづき設定し，その等至点を経験した人びとを対象に研究を行なう，というのがHSIの考え方である。HSI（歴史的構造化ご招待）における「ご招待」というものいいは，まずは研究目的をもとに研究者が定めた等至点により当該対象となる人びとをお呼びし招き入れ研究に協力いただくのだという，研究者目線で等至点を定めることへの自覚と，当事者の経験をもとにして見えてくるであろう実質的な等至点への敬意を込めて，採り入れられた。たとえば，「大学生がどのように就職活動で内定を得ているのか」という問いを立てたとしよう。その場合，最初に「内定を得る」を等至点とし，その過程を捉えていく。しかし，インタビューを行ない当事者の語りに向きあったりデータを熟読し分析に取り組む中で，当該経験が実は「内定を得る」というよりもむしろ「自分の理想とする働き方を探し，みつける」ものであったことがわかってくる。その場合，研究者が最初に定めた等至点を修正・変更する，ということが，HSIと対象選定の理論に織り込まれている。すなわち，等至点を，「内定を得る」から「理想とする働き方をみつける」に設定しなおした上で，そこに至る経験を描き出すのである。

　ある行動・選択に複数の径路がある到達点に収束していくありようは，それ以前に，径路がいくつかに分かれるポイントがあることを意味する。この分岐する行動や選択，すなわち分岐点（後述）に焦点をあて，そこにおける人間の内的な変容過程を理解するための理論がTLMGである。TLMGにより，人が迷いながらも何かを判断し行動・選択するありよう——それがすなわち分岐点となる——を捉えることができる。TLMGは，文化的記号を取り入れて変容していくシステムとしての人間のメカニズムを仮定し，そのありようを3つの層で理解するものであり，第1層に個別活動レベル，第2層に記号レベル，第3層に信念・価値観レベルが想定されている。第1層は個々の活動や行為が発生するレベルであり，第2層は状況を意味づける記号が発

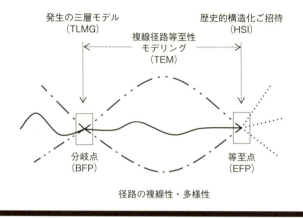

図 9-1 TEA の構成

生するレベルである。そして第3層は価値観が維持・変容するレベルである。第3層が安定していれば第1層や第2層が安定し,一方で不安定であったり崩壊すれば,行動に秩序がなくなったり状況を意味づけることが困難になったりする。逆に,状況を意味づけたり行動に新たな秩序が生まれることによって,それまでとは異なる信念や価値観が生じる,ということもある(サトウ 2012)。

TEA を構成する TEM と HSI と TLMG の関係は,図 9-1 のように示される。

それでは次に,HSI と TLMG のそれぞれと密接な関係をもつ等至点や分岐点といった概念に視点を移し,人の発達や人生の径路の複線性と多様性を捉え描き出すための道具立てであるいくつかの基本概念について理解を進めていこう。

等至点(Equifinality Point:EFP)とは,等至性の概念の具体的な顕在型であり,個別多様でありながらも時間経過のなかで至りうるある行動や選択などを表現し焦点化するための概念である。何を等至点とするかは研究目的にもとづいて設定されるが,先に述べたように,当事者経験にもとづき等至点を変更・修正することも含め,人生において何らかの意味で重要な行動や選択などとして焦点化される。なお,等至点の対概念である,両極化した等至点(Polarized EFP:P-EFP)は,等至点と価値的に背反する,もしくは等至点の補集合となるような行動・選択を焦点化する概念である。等至点と

して設定した行動や選択への価値づけを相対化する意義をもつ。等至点とあわせて設定することで，当事者経験の多様なありようが豊かに捉えられもする。このように，ある行動・選択に収斂（しゅうれん）していくような状況，すなわち，当該経験をした人びとの，迷いや葛藤を含む個別多様な歩みが，ある一定の安定した状態に至るありようは，それ以前に，径路がいくつかに分かれるポイントがあることを意味する。分岐点（Bifurcation Point：BFP）は，複数の径路が発生・分岐するありようを示す概念として重要である。そして，可能な径路とは，図9-1に点線で描かれているものであり，可能な径路によって，ありうるもしくはありえたと考えられる径路が表現される。見えにくくなっているありようを可能な径路により浮き彫りにすることを通じて，潜在性や可能性の中で実現した径路の意味を検討したり，当該経験の多様性・複線性をより豊かに把握することが可能になる。最後に，非可逆的時間という非可逆性に力点をおいた時間をあつかっていることを述べておこう。人の行動や選択は，決して後戻りすることのない時間の持続の中で実現しているのであり，非可逆的時間とは，そうした当事者性を保証する時間概念である。

　ここでは割愛した他のものも含めて，TEAの分析で用いる概念は，対象とする人の経験や現象をていねいに読みとく上で役立つものとなる。分析はこうすればよい，といった手続き主義に陥ることなく，諸概念を存分に生かして時間とともにある文化的・社会的な人のライフ（生命・生活・人生）を捉えることが，TEAでは大切であるとされている。

### (2) ナラティブ分析

　次に，ナラティブ分析を見ていこう。ナラティブ分析の理論的背景には，主観的意味の分析への志向性がある。こうした目的のために，データの収集にはとりわけナラティブ・インタビューが用いられる（Flick 1995＝2002）。ライフストーリーやオーラルヒストリーとの相性もよく，研究者は，広義の言語を用いておもにインタビューによって対象者とコミュニケーションをとり，語りを聴き，語られた内容や語られ方を検討する。ナラティブモデルに依拠する分析方法であり，客観的現実や個人の内的世界をどれだけ正しく反映しているのかという問い方をしない。人間が出来事をどのように経験するかをあつかうに際し，その経験を，内的過程としてではなく，他者との相互的な語り行為や社会的構成過程として捉えることを重視する（やまだ 2007b）。

こうしたナラティブ的な人間観や方法論は，ナラティブ・ターンと呼ばれる新しい質的研究への転換とともにあり，質的研究そのものの発展と分かちがたく結びついているため，ナラティブ分析に近づくためには異なる切り口からの説明が必要となる。ここで少し，ナラティブ分析がシークエンス分析の中に位置づけられる（Flick 1995＝2002）という観点から，ナラティブ分析の特性を確認していこう。

　シークエンス分析とは，語りをブロックのように分離可能な小部分の集まりとするのではなく，分かちがたい複雑なつながりをさまざまな方向にもつ織物（テクスト）とし，データに多様なつながりや関係を見出していこうとする分析の総称である（能智 2011）。テクストの全体的性質により注意を払い，文脈に対して何らかの形で鋭敏な方法であり，次のような前提がある。すなわち，会話のやりとりの中で秩序が生みだされる，意味は行為を実施していくことによって蓄積される，インタビューの内容はナラティブの全体性の中でのみ信頼に足る方法で提示しうる，などである。ナラティブ分析は，会話分析，談話分析，客観的解釈学とともに，シークエンス分析という名称でくくられている（Flick 1995＝2002）。フリック（Flick 1995＝2002）は，ナラティブが，その中に主観的かつ社会的な構築を含んでいるという考え方を踏まえ，ナラティブ分析は「人生の構築を再構築すること」であるとする立場について述べている。ナラティブ・データの分析の目的は，その人生の構築プロセスの解明であり，事実のプロセスを再構成することではない。

　こうしたナラティブ分析のエッセンスを理解する上で，そこで引用されているデンジン（Denzin 1989）の解釈手続きは参考になると思われるので，ここに提示しておこう。それは次のような段階による。①相互行為的テクストを確保する，②個別のテクストをひとつの単位として示す，③テクストを鍵となる経験の単位へとさらに分割する，④それぞれの単位を言語的および解釈的に分析する，⑤テクストが当事者にとってもつ意味を順次明らかにし，解釈する，⑥テクストの「作業解釈」を作成する，⑦これらの仮説をテクストの後の部分に照らして検討する，⑧テクストを全体として把握する，⑨テクストから得られた多様な解釈を提示する。

　ナラティブ分析に用いるデータは，ナラティブ・インタビューによって収集されるが，ナラティブ・インタビューによって収集されたデータがすべてナラティブ分析の対象となるわけではない。それはたとえば，同様にシーク

エンス分析にくくられる分析法である会話分析やディスコース分析に明らかである。分析法としての特徴の差異から理解をうながすために，補足的に，会話分析とディスコース分析について素描しておこう。

### (3) 会話分析，ディスコース分析

会話分析は，ガーフィンケル（Garfinkel, H.）によって創始された社会学の一派であるエスノメソドロジーの経験的探求のための一手法として，社会学者のサックス（Sachs, H.）によってその基本的アイデアが提唱された分析方法である。会話分析では，日常生活や制度的場面（たとえば裁判など）において，人びとが会話の中で何を行ない，何を達成しているのかを解釈的に明らかにすることを目的とする。一方，ディスコース分析は，2つの伝統に大きく分けられる。ひとつは，フーコー（Foucault, M.）をはじめとしたポスト構造主義的伝統のもと，人びとの言語活動から社会構造，権力関係，イデオロギーなどを読み解こうとするものであり，もうひとつは，人びとが談話の中で何を行ない，どのような意味が構築されているのかを問うものである。前者の分析には，日常場面での会話だけではなく新聞やテレビなどのメディアのテクスト分析が射程に含まれ，他方で後者は，対象も具体的分析も，会話分析のバリエーションのひとつと捉えてよいとされる（松嶋ほか 2007）。もっとも，もともと対等な個人同士の音声言語のやりとりを研究対象にしていた会話分析も，現在その対象はさまざまな方向に広がっており，音声言語だけではなくたとえば表情などの非言語的な行動もまた分析の対象とされることがある（能智 2011）。

ディスコース分析と会話分析は，シークエンス分析とくくられながらも，かなり対照的な部分を含んでいる（能智 2011）。ここではそれぞれの特徴を比較する形で素描するにとどめたが，ディスコース分析にせよ会話分析にせよ，上記の特徴に照らして分析技法として採用する場合は，より詳しい書（たとえば，鈴木 2007；鈴木・大橋・能智 2015）を参照されたい。

## 4 質的研究法の質の管理と保証

質的研究の「質」はいかにして担保されうるのだろうか。ここであらためて，質的研究の本質が，新たな視点の探索とものごとの見えの更新を試み，

これまで見落とされてきた現実を仮説的に作り上げていくことである（能智 2005）ことを確認しておこう。そうした質的研究の質を管理し保証する上でのいくつかの省察的視点を提示し，本章を締めくくる。

## (1) 研究プロセスへの省察

　質的研究の質の保証は，質的研究における倫理と関係することですらある（Flick 2007＝2017）。質的研究の質への省察なくして，研究の倫理的課題をクリアすることは困難であるだろう。フリック（Flick 2007＝2017）はまず，研究倫理，つまり，データの保護，参加者に危害が及ぶのを回避すること，視点やプライバシーを尊重すること，などといったことは，（質的）研究を実施する上での必須の要件であり，質的特徴として捉えうることであると述べる。研究倫理の重要性は質的研究に限定されるものではないにせよ，日常を生きる人間の個別多様性に接近し，また研究者自身の立ち位置や対象への関与に省察がうながされる質的研究ではとりわけ，研究倫理は，研究プロセスにおける必要かつ重要なステップとして厳しく問われるものである。研究活動が研究対象者や社会に対して否定的な影響を与えていないかという倫理性の観点は，近年ますます重視されている（能智 2011）。そして，フリック（2007＝2017）はさらに，研究の質を確証するための省察なくして，また，当該研究が最終的によい研究例となるという確信なしに研究をするのは非倫理的である，という倫理に関わるもうひとつの要点を提示する。このことは直接，質的研究の学びへの誠実な姿勢をうながすものとなる。

　質的研究の質を保証しそれを高める上で，留意すべき重要な点はほかにもある。たとえば，研究を評価するための標準・規範・方略，トライアンギュレーションの概念とその適用可能性，トライアンギュレーションを用いた研究の実際上の計画と実施にまつわる課題，質的研究を量的研究と結びつけるといった混合研究法の可能性と限界，質的研究の透明性を管理する戦略，などである（Flick 2007＝2017）。こうしたことは研究プロセスと分かちがたく結びついており，質的研究の修得とそのための教育実践の果たすべき役割の重みをより鮮明なものにしよう。質的研究の教育的な場や機会は，大学での授業実践をはじめ，ゼミ，大学内外の研究会や研修会や講演会，学会主催によるセミナーやワークショップ，査読システムなど，多様なものが存在する。安田（2013）は，大学における質的研究の教育カリキュラムや教育実践の具

体的な方法，質的研究の学習材・教材や学会を含む所属機関外の教育実践などの学びの環境づくりについて，多面的にまとめている。

### (2) 論文執筆における省察

　質的研究は現実のコピーを作ることを目指すものではなく，新たな視点で現実を見直したり現実に対する働きかけを試みたりするものであり，よってその質を評価する上で，従来の基準が成り立つとは限らない（能智 2011）。フリック（Flick 1995＝2002）は，質的研究の評価基準の問題として論じられる重要なことのひとつに，どのような基準を用いて質的研究の手続きと結果とが適切に評価できるか，ということがあり，翻って，質的研究の手続きと結果とをいかに書くかということが重要であると述べる。質的研究であつかう対象は必ずしも再現可能ではないが，研究方法については再現可能でなければならない（サトウ 2013）。手続き的再現性は，産出された成果への了解可能性を高めてもくれよう。

　質的研究の論文では，読み手が研究の過程をたどれるかどうかが，論文の質の評価に大きく関わることになる。ゆえに方法については，量的研究の論文に比べ，よりていねいな記述が求められる（坂上 2004）。その記述の具体的な内容としては，依拠する理論的立場や方法論，研究協力者の選定の仕方，倫理的配慮，研究者の立ち位置や視点に関する情報，データ収集の手続き，データ分析の手続きがある。とりわけ，データ分析に接続することとして，依拠する方法論とデータ分析の手続きに着目したい。先にいくつかの質的研究法について説明を試みたが，実のところ質的研究にたずさわっている人でも，質的研究のすべての方法論やアプローチに精通しているわけではない。よって，自身が用いた方法論やアプローチを，それを採用した理由とともに記すことが重要である。また，どのような過程を経て最終的な解釈や仮説，理論を導出するに至ったのかを読み手がたどることができるように，質的研究のデータ分析の手続きをていねいに記述しておくことが望まれる。

　どういう性質をもっている論文が読み手に伝わり何らかの合意を得ることができるかを考えるにあたり，「現実性」「関与性」「新奇性」の3つの観点は有用である（能智 2011）。能智（2011）は次のように説明する。まず「現実性」とは，記述されている結果が，現実と呼ばれるものに突きあたっていると感じられる程度のことである。方法で，データが幅広く，あるいは深く掘

り下げられる形で収集されたことが記述されていたり，結果において，研究対象について導き出された命題が具体的なデータによって生き生きと例証されていれば，データの「現実性」が高まるとされる。研究者がどのような視点にもとづいて対象を捉えているかという点もまたデータの「現実性」を高める上で肝要であり，それは，問題において記述される研究者の理論的立場や研究設問，方法で書かれる対象者やフィールドとの関わりなどによって示される。次に「関与性」とは，産出された知見の受け手がその研究を自分や自分の生きている世界に関連させて重要だとみなす程度のことを示す。たとえば，考察で述べられている研究の実践的な価値は，読み手の関与性のいかんによって受けとめられ方が変わってくる。そして「新奇性」は，論文の中で語られていることが，これまでの常識や先行研究などになかった新たな知見を含んでいると感じられる程度のことである。たとえば，問題で記述されている研究設問が新しいものであったり，方法で示されている研究対象がこれまで検討されてこなかった現象や人びとであったり異なる実践を含んでいたりする場合，研究の価値が高まりうる。「新奇性」は，研究のオリジナリティとして評されるものであるといえる。

　他には，記述されている内容の明晰さもまた，研究の質を確保する上で重要である。そこには，文章構造や指示関係をはっきりさせること，パラグラフのまとまりに留意すること，文章間・パラグラフ間の論理のつながりを明確にすること（能智 2007）を含んでいよう。

### (3) 協同による省察とその可能性

　もうひとつ最後にその重要性を強調したいのは，ピアやメンター，ファシリテーター，スーパーバイザーなどと協同的な学びの場をともにするといった，人の豊かなライフや多様な現象を捉える視点と複眼的な思考を身につけるために効果的な，具体的な工夫や枠組みを確保することである（松嶋ほか 2007；サトウ 2013；安田 2013）。新たな視点の探索とものごとの見方の更新をめざす質的研究ではとりわけ，よかれあしかれ現場や組織，そしてデータに巻き込まれることがしばしばであり，よって，研究計画やスケジュール管理をはじめ，データ収集とデータ分析のプロセス，そして論文執筆のプロセスに至るまで，幾重にも自他の複数の視点による多様な省察の機会を持つことをお勧めする。こうしたことは，個々の質的研究の質を高めるのはもとより，

その協同的な営みそのものが,質的研究の質を高める学びの場を形成する基盤となり,質的研究法の教育実践に寄与するものにもなるといえるだろう。

■参考文献

安藤香織 2004「図式を利用する——KJ法」無藤隆ほか編『質的心理学——創造的に活用するコツ』新曜社,pp.192-198.

Charmaz, K. 2006 *Constructing Grounded Theory: A Practical Guide Through Qualitative Analysis*, Sage.(抱井尚子・末田清子 2008『グラウンデッド・セオリーの構築——社会構成主義からの挑戦』ナカニシヤ出版)

Denzin, N. K. 1989 *Interpretative Interactionism*, Sage.

Flick, U. 1995 *Qualitative Forschung*, Rowohlt Taschenbuch Verlag GmbH.(小田博志ほか 2002『質的研究入門——〈人間の科学〉のための方法論』春秋社)

Flick, U. 2007 *Managing Quality in Qualitative Research*, Sage.(上淵寿 2017『質的研究の「質」管理』新曜社)

Glaser, B. and A. Strauss 1966 *Awarenss of dying*, Aldine.(木下康仁 1988『「死のアウェアネス理論」と看護——死の認識と終末期ケア』医学書院)

Glaser, B. and A. Strauss 1967 *The Discovery of grounded Theory: Strategies for qualitative research*, Aldine.(後藤隆・大出春江・水野節夫 1996『データ対話型理論の発見——調査からいかに理論をうみだすか』新曜社)

保坂裕子 2004「アクション・リサーチ——変化から見えてくるもの」無藤隆ほか編『質的心理学——創造的に活用するコツ』新曜社,pp.175-181.

川喜田二郎 1967『発想法——創造性開発のために』中公新書.

木下康仁 1999『グラウンデッド・セオリー・アプローチ——質的実証研究の再生』弘文堂.

木下康仁 2003『グラウンデッド・セオリー・アプローチの実践——質的研究への誘い』弘文堂.

小林孝雄 2016「GTAの理論と実際」末武康弘ほか編『「主観性を科学化する」質的研究法入門——TAEを中心に』金子書房,pp.46-56.

Leininger, M. M.(Ed.)1985 *Qualitative research methods in nursing*, Saunders.(近藤潤子・伊藤和弘監訳 1997『看護における質的研究』医学書院)

松嶋秀明ほか 2007「協働の学びを活かした語りデータの分析合宿」やまだようこ編著『質的心理学の方法——語りをきく』新曜社,pp.238-251.

McLeod, J. 2003 *Doing counseling research*(2nd ed.), Sage.

能智正博 2001「質的研究」下山晴彦・丹野義彦編『講座 臨床心理学2 臨床心理学研究』東京大学出版会,pp.41-60.

能智正博 2005「質的研究がめざすもの」伊藤哲司・能智正博・田中共子編『動き

ながら識る，関わりながら考える──心理学における質的研究の実践』ナカニシヤ出版，pp.21-36.
能智正博 2007「論文の書き方」やまだようこ編著『質的心理学の方法──語りをきく』新曜社，pp.38-51.
能智正博 2011『質的研究法』〈臨床心理学をまなぶ6〉東京大学出版会．
戈木クレイグヒル滋子編 2005『質的研究法ゼミナール──グラウンデッドセオリーアプローチを学ぶ』医学書院．
戈木クレイグヒル滋子 2006『ワードマップ　グラウンデッド・セオリー・アプローチ──理論を生みだすまで』新曜社．
戈木クレイグヒル滋子 2008『実践グラウンデッド・セオリー・アプローチ──現象からとらえる』新曜社．
坂上裕子 2004「論文の形式に従って整理する──「冒険の道のり」を他者に伝えるためには」無藤隆ほか編『質的心理学──創造的に活用するコツ』新曜社，pp.214-219.
サトウタツヤ 2012「理論編──時間を捨象しない方法論，あるいは，文化心理学としてのTEA」安田裕子・サトウタツヤ編『TEMでわかる人生の径路──質的研究の新展開』誠信書房，pp.209-243.
サトウタツヤ 2013『質的心理学の展望』新曜社．
サトウタツヤ 2015「実存性　文化心理学および質的研究におけるTEAの布置」安田裕子ほか編『TEA　理論編──複線径路等至性アプローチの基礎を学ぶ』新曜社，pp.19-23.
澤田英三・南博文 2001「質的調査──観察・面接・フィールドワーク」南風原朝和・市川伸一・下山晴彦編『心理学研究法入門──調査・実験から実践まで』東京大学出版会，pp.19-62.
Strauss, A. and J. Corbin 1998 *Basics of Qualitative Research* $2^{nd}$ *ed*., Sage.
鈴木聡志 2007『会話分析・ディスコース分析──ことばの織りなす世界を読み解く』新曜社．
鈴木聡志・大橋靖史・能智正博 2015『ディスコースの心理学──質的研究の新たな可能性のために』ミネルヴァ書房．
Valsiner, J. 2001 *Comparative study of human cultural development*, Madrid : Fundacion Infancia y Aprendizaje.
安田裕子 2005「不妊という経験を通じた自己の問い直し過程──治療では子どもが授からなかった当事者の選択岐路から」『質的心理学研究』4，201-226.
安田裕子 2013「質的アプローチの教育と学習」やまだようこほか編『質的心理学ハンドブック』新曜社，pp.466-486.
やまだようこ 2004「質的研究の核心とは──質的研究は人間観やものの見方と切り離せない」無藤隆ほか編『質的心理学──創造的に活用するコツ』新曜社，pp.8

-13.
やまだようこ 2007a「質的心理学とは」やまだようこ編著『質的心理学の方法——語りをきく』新曜社, pp.2-15.
やまだようこ 2007b「ナラティブ研究」やまだようこ編著『質的心理学の方法——語りをきく』新曜社, pp.54-71.
山崎浩司 2016「M-GTAの考え方と実際」末武康弘ほか編『「主観性を科学する」質的研究法入門——TEAを中心に』金子書房, pp.57-69.

## 人名索引

### A—Z

Bråten, I. 17
Brookhart, S. N. 168
Collins, A. 158, 163
Domaille, K. 110
Duguid, P. 158, 163
Grahame, J. 110
Hofer, B. K. 17
Kagen, S. 52
McLeod, J. 178
Mctighe, J. 166
Pashler, H. 100
Pintrich, P. R. 17
Wiggins, G. 166

### ア 行

アイソン(Eison, J. A.) 39
青柳西蔵 112
赤木里香子 122
アービー(Irby, B. J.) 76
アロンソン(Aronson, E.) 52
安藤香織 180
石田勢津子 6
板倉聖宣 28
今井康雄 4
岩﨑千晶 13, 66, 74, 78
ヴァルシナー(Valsiner, J.) 184
ヴィゴツキー(Vygotsky, L. S.) 44
植木理恵 6
ヴェンガー(Wenger, E.) 12, 159, 161, 162
宇田光 25
ウーラード(Woollard, J.) 13, 14, 44, 105, 111, 124, 158, 164
ヴント(Wundt, W.) 176
榎本聡 116
エンゲストローム(Engeström, Y.) 16
遠藤義治 123
大川原恒 120
太田裕子 77
小川博士 166, 167
オーズベル(Ausubel, D. P.) 22
織田揮準 24

小貫睦巳 25

### カ 行

梶田叡一 145, 152, 155
梶田正巳 5
加藤浩 61
金森裕治 114
ガーフィンケル(Garfinkel, H.) 189
川上昭吾 23
川喜田二郎 179
河西由美子 70
カーン(Kahn, S.) 54
木下康仁 181, 182
クッキング(Cocking, R. R.) 100
久保田賢一 63
クリスト(Christ, L. F.) 76
グレイザー(Glaser, B. G.) 177, 180
向後千春 24
小林孝雄 181, 182
コービン(Corbin, J.) 181
駒田智彦 114
コルブ(Kolb, D. A.) 14

### サ 行

戈木クレイグヒル滋子 180-182
サイモン(Simon, H. A.) 10
佐伯胖 4, 13
坂上裕子 191
サックス(Sachs, H.) 189
佐藤貴之 24
サトウタツヤ 178, 186, 191, 192
佐藤学 4
佐渡島沙織 77
サムズ(Sams, A.) 53
澤田英三 177
澤山郁夫 34
塩田芳久 31
清水俊宏 114
庄司和晃 28
ジョンソン(Johnson, D. W.) 30, 52
ジョンソン(Johnson, R. T.) 52
杉江修治 30
スコット(Scott, B.) 74, 75

鈴木豪　6
鈴木栄幸　61
ストラウス（Strauss, A. L.）　177, 180, 181
関口昌秀　31
園田葉子　124

### タ 行

高浦勝義　170
高垣マユミ　166, 167
高橋麻衣子　111, 118
タグ（Tagg, J.）　42
田中俊也　4, 10, 11, 13, 16, 87, 93, 98, 99, 109, 111, 113, 116, 117, 126, 133, 139, 145, 159, 161, 166, 167
デューイ（Dewey, J.）　40
寺澤孝文　34
デンジン（Denzin, N. K.）　188
土合泉　34, 117
トンデュー（Tondeur, J.）　104, 105

### ナ 行

成瀬喜則　120
ニューウェル（Newell, A.）　10
丹羽さがの　68
能智正博　176-178, 181, 189-192

### ハ 行

バー（Barr, R. B.）　42
萩野佳代子　31
バーグマン（Bergmann, J.）　53
長谷川春生　34, 117
長谷川元洋　90
バッキンガム（Buckingham, D.）　109
ハート（Hart, D.）　165, 167
ピアジェ（Piaget, J.）　10, 176
フィリップス（Phillips, B. N.）　30
フェアリー（Fairlie, R. W.）　103
福島真人　4
フーコー（Foucault, M.）　189
船津衛　63
ブラウン（Brown, A. L.）　100
ブラウン（Brown, J. S.）　158, 163
ブランスフォード（Bransford, J. D.）　100
プリチャード（Pritchard, A.）　13, 44, 105, 111, 124, 158, 164
フリック（Flick, U.）　175, 176, 187, 188, 190, 191
プリンス（Prince, M.）　64
ブルーナー（Bruner J. S.）　27
ブルマン（Bulman, G.）　103
ブルーム（Bloom, A.）　130
古屋喜美代　31
フロイト（Freud, S.）　176
保坂裕子　176
ホルベック（Holubec, E. J.）　52
ボンウェル（Bonwell, C. C.）　39, 64

### マ 行

前田智香子　159
マクスウェル（Maxwell, M.）　76
マクマレン（McMullen, S.）　70
益川弘如　53
松下佳代　43, 47, 63, 69
松下良平　4
松嶋秀明　189, 192
松本織　23
水越敏行　28
溝上慎一　47, 53, 64, 76
南博文　177
三宅なほみ　56
森朋子　45, 48, 53
森弥生　122
森陽子　32
森山貴史　120
村上隆　136

### ヤ 行

安田裕子　184, 190, 192
安永悟　31, 52
山内祐平　61, 65, 78
山口眞希　110
山崎浩司　183, 184
やまだようこ　176, 177, 187
山田嘉徳　13, 159-161

### ラ・ワ 行

レイニンガー（Leininger, M. M.）　177
レイブ（Lave, J.）　12, 159, 162
レヴィン（Levin, K.）　176
ロビンソン（Robinson, F. G.）　22
渡邊康一郎　23

人名索引　197

# 事項索引

## A—Z

ATI(適性処遇交互作用)　32
CAI　117
CAS　79
CBT　118
CRLA　75, 79
e ポートフォリオ　170
e ラーニング　34
FD　8
I の世界　13
ICT　i, 54, 66, 86, 109
　ICT 活用　ii, 34, 68, 86, 89
　　ICT 活用効果　102
　　ICT 活用指導力　96
　ICT 環境　56
　ICT 機器　107
　　ICT 機器導入の効果　103
　ICT の特長　101
　ICT 利用活動　103
ICU　77
ITTPC　79
KALS　65
KJ 法　179, 180
MOOCs　67
NADE　79
NCLCA　79
OECD　41, 91, 102
　OECD-DeSeCo　43
　OECD-PISA　43
PBL　121
PDCA(Plan-Do-Check-Action)サイクル
　130, 133
PISA　102, 134
PISA 型学力　63, 68
PLATT　5
　PLT　5, 7
　PTT　5, 7
SNS　121
SST(ソーシャルスキルトレーニング)　37
St Leonard's College の附属幼稚園　68
They の世界　13
You の世界　13

web 会議システム　119

## ア　行

アイデンティティ　12, 161, 163
　アイデンティティ形成　4
アカデミックスキル　80
アクシャル・コーディング　182
アクションリサーチ　176
アクセス　13
アクティブラーニング　ii, 4, 39, 40, 44, 55, 57, 63, 64, 69, 90, 108, 145
アクティブ・ラーニング　ii, 40, 64
新しい能力　43
穴埋め法　133
アルファ係数(α 係数)　137
暗記再生志向　6
生きる力　87, 130
一斉学習　91
　一斉指導　21, 47
　一斉授業　54
意味理解志向　6
因果関係　175
インターネットの活用　108
インターフェイス　123
エスノメソドロジー　189
演習　47
オーガナイザー　23
大阪音楽大学　77
オーセンティック課題　165, 167
教える　3, 20, 34, 35, 42, 54
　〈教える〉から〈学ぶ〉へのパラダイム転換　54
オープン・コーディング　182
オープンスペース　71
オペラント行動　9
親方　163
織物(テクスト)　188

## カ　行

外化(理解のアウトプット)　45, 47, 48, 164
会話分析　189
科学的認識　28
学習　3, 4

学習科学　44
学習観　*i*, 5, 57
学習環境　*ii*, 61, 69
　　学習環境デザイン　81
学習支援　75, 76
学習資源（リソース）　11
学習指導要領　92
学習障害　114
学習心理学　44
学習への動機づけ　90
学習方略志向　6
学習量志向　6
学力　157
　　学力の3要素　41, 43, 45
　　学力モデル　157
仮説実験授業　28
仮想空間と現実世界　126
課題探究　67
価値観　135
活動　61
　　活動システム　16
　　活動的実験　15
　　活動理論　16
　　活動レベルの経験　14
「過程」を捉える質的研究法　184
カリフォルニア州立大学　76
考えさせる授業　59
環境志向　6
関係性の変化　9
関西大学　77
　　関西大学総合図書館　71
　　関西大学ライティングラボ　78
関心・意欲・態度　144
関西学院大学　73
関与性　191, 192
キー・コンピテンシー　43
記憶　10
基準関連妥当性　135
気づき　77
客観テスト　133
既有知識　22
教育的信念　104
教育の情報化　88, 89, 92, 93, 124
　　教育の情報化元年　93
教育評価　*ii*, 129
教員の評価　148
境界の領域　163
教材・教具　13

教師　13
　　教師中心信念　104
教授・学習　3
　　教授・学習過程　20
教授・指導観　*ii*
競争　53
協同　30, 53
　　協同学習　30, 40, 51, 52, 146
　　協同型問題解決能力　135
　　協同作業　32
　　協同的な学びの場　121
共同体　61, 159
議論　112
空間　61
具体的経験　15
熊本大学　77
グラウンデッド・セオリー・アプローチ
　　（GTA）　177, 179-182
クリッカー　67, 68
グループ学習　50, 51
グループ・ディスカッション　40, 65
　　グループ・ワーク　40, 65, 66, 111, 112
経験　14
　　経験主義　40
　　経験のサイクル　14
形式的操作期　10
形成的評価　132
携帯情報端末（PDA）　116
研究する人間　183
　　研究倫理　190
言語的コミュニケーション　121
現実性　191, 192
効果査定　3
交換　17
講義法　21
構成概念妥当性　135, 136
構成主義　105
「構造」を捉える質的研究法　184
高等教育　8
行動主義的　9
行動変容　3, 4
国立教育政策研究所　130
個人とグループの往還　48
個人内評価　143
個人の努力　143
個人の認識論　17
個人レベルの指導論　5, 6
個別学習　91

個別指導　32
コミュニケーション　38, 119
　コミュニケーション支援　119
コラボレーション・コモンズ　73, 74
混合研究法　190
混合能力集団　26

サ　行

再テスト　136
作文　133
サブシステム　17
参加軌跡　→　トラジェクトリー
参加としての学び　159, 160
視覚支援教育　114
シークエンス分析　188
ジクソー法　40, 51, 52
思考スキル　157
思考レベルの経験　14
自己教育　156
　自己教育力　170
自己決定　27
自己効力感　53
自己評価　148, 152, 154, 171
自然科学　175
事前学習　55
実感　107, 108
実証主義　178
実践共同体　12, 14
質的研究　iii, 175-179, 189
質的データ　176
質保証　8
指導・教授観　5
シミュレーション　110
社会構築主義　181
社会人基礎力　41, 63
社会的構成主義　105, 158
社会的文化的状況　11
尺度構成　6
習熟度　27
習熟度別指導　26
修正版グラウンデッド・セオリー・アプローチ（Modified-Grounded Theory Approach : M-GTA）　181-184
十全参加　162
周辺的　162
周辺的領域　163
主観的意味の分析　187
主観テスト　133

授業内容の評価　148
授業評価アンケート　148
主体的・対話的で深い学び　ii, 41, 57, 145
状況論的な知識観　11
条件づけ　9
小集団　30
消費　17
情報科　93
情報活用能力　89, 92
情報基礎　92
情報検索　113
情報の教育化　124
小論文　133
初等・中等教育　8, 149
初年次教育　77
処理装置　10
自律的な学習者　80
新奇性　191, 192
真偽法　133
人工物　61
真正性　ii, 158
　真正の活動　158
　真性の評価　146
シンタックス　11
診断的評価　132
信念　6, 135
シンボル化　10
　シンボル構造　10
　シンボルシステム　11, 13
　シンボルシステム的な世界観　9
信頼性　135, 136
数量的データ　176
スタンダード　138
スタンドアロンの能力　129
ストラウス・コービン法　181
スーパーバイザー　192
3Dプリンタ　115
正課と正課外　78, 79
正規分布　141
生産　16
正統性　ii, 158, 159, 161
正統的周辺参加　12, 159
生徒中心信念　104
世界観　9
絶対評価　142
折半法　136
説明　53
セレクティブ・コーディング　182

宣言的知識　11, 97
先行オーガナイザー　23
総括的評価　132
総合的な学習　67
相対評価　140-142

　　　　　タ　行

体験学習　40
大福帳（コミュニケーションシート）　24
代理体験　116
多肢選択法　133
脱文脈化　10, 11
妥当性　135
タブレットPC　34, 122
探求学習　40, 44
談話　189
知識　8
　知識獲得　15
　知識観　6, 8
　知識基盤社会　62
　知識構築型の授業　64
　知識伝達型の授業　64
　知識表象　11, 14
　　知識表象のパラドックス　99
　　知識表象のレベル　115
知的好奇心　60, 85
知能指数　26
中央教育審議会　130
抽象的概念化　15
中心的活動　160
チューター　76
長期記憶　11, 22
調査学習　40
直接体験　120
通級指導教室　37
津田塾大学　77
ディスカッション　110
ディスコース分析　189
ディベート　40, 77
適性処遇交互作用（ATI）　117
デザイン　62
デジタル教科書　126
デジタルとアナログ　126
デジタルペン　111, 118
テスト　ii, 129
データの切片化　181
データ範囲の方法論的限定　183
データ分析の手続き　191

手続き化　97
手続き的再現性　191
手続き的知識　11, 97, 115
テレビ会議システム　120
転移　10, 11
電子図書館　116
動機づけ　30, 169
東京大学　65
同志社大学　73
等至性（Equifinality）　184
当日ブリーフレポート方式（BRD）　25
等至点（Equifinality Point: EFP）　185-187
同僚　57
特別支援　123
　特別支援学級　37
　特別支援教育　114
徒弟　163, 164
トライアンギュレーション　190
トラジェクトリー（参加軌跡）　7, 8, 153, 161, 171
トラックモデル　159
ドロップレット・プロジェクト　38

　　　　　ナ　行

内化（知識のインプット）　45, 47, 48
内化と外化の往還　48, 53, 56
内的整合性　137
内発の動機づけ　28
内容的妥当性　135
ナラティブ・インタビュー　187, 188
ナラティブ・ターン　177, 188
ナラティブ分析　179, 187, 188
21世紀型スキル　41, 63, 68
21世紀型能力　130
日常生活　175
認知科学　10, 44
認知構造　22, 23
認知システム　9
認知心理学　10, 44
認知の階層性　164
認知の徒弟制　163
脳科学　44
能動的学習　40
能力　25
能力別学級編制　26
　能力別指導　25, 26
ノルム　138

事項索引　201

## ハ 行

バズ学習　30
　バズセッション　31
パターン　11
発見学習　27, 40
発生の三層モデル(TLMG)　184-186
発想法　180
発達段階　111
発達の最近接領域　44
パフォーマンス課題　146, 147
パフォーマンス評価　165
反省　14
　反省的観察　15
反転授業　49, 51, 53, 54
反復練習　9
ピア　192
　ピア学習　32
　ピア・シニア　164
　ピア・マスター　164
非可逆的時間　187
非関与性　162
非言語的コミュニケーション　119, 121
ヒト(組織)・コト(活動)・モノ(道具)　62
批判的思考　111, 112
　批判的思考力　113
評価規準　146, 147, 167, 169
評価基準　146, 147
標準・規範・方略　190
標準得点　139
標準偏差　139
表象　10
ファシリテーター　192
フィードバック　122
フィールド　177
深い学習　50
深い理解　52
複線径路等至性アプローチ(Trajectory Equifinality Approach：TEA)　179, 184, 187
　複線径路等至性モデリング(TEM)　184, 186
不登校　174
振り返り　ii, 14, 151, 158, 160, 161, 169, 170
フリーライダー　45, 46, 50
ブルーム・タキソノミー　131
プレゼンテーション　75, 77
ブレーンストーミング　31
プログラミング的思考　109

文化・社会・時間的文脈　177
文化人類学　176
文化的記号　185
文化的道具としての言語　177
分岐点(Bifurcation Point：BFP)　185, 187
分析焦点者　182, 183
分配　17
平均値　138
ベネッセ教育研究所　33
偏差　138
偏差値　139, 141
ポスト構造主義
ポートフォリオ　126, 143, 144, 169, 170
ほんものさ　158
ほんもの性　159, 167, 170
本物らしさ(オーセンティシティ)　12

## マ 行

マスタリー・ラーニング　33
学び　3, 13, 42
　学びの共同体論　40
　学びの質　169
　学びのドーナッツ論　13
学ぶ　3, 34, 55
自ら学ぶ授業　59
無学年制　33
無関係性　162
武庫川女子大学　73
メタ認知　111, 113, 157
　メタ認知活動　111, 112
　メタ認知的反省力　170
メディア教育開発センター　104
メディア制作　110
メディア・リテラシー　113
　メディア・リテラシー教育　109
メンター　76, 81, 192
問題行動　174
問題解決　22
　問題解決学習　40
モデル　9

## ヤ・ラ・ワ 行

有意味受容学習　21, 23
豊かな学びの場　105
ライティング　77
　ライティング支援　76, 77
　ライティングチューター　78, 81
ラーニングコモンズ　ii, 62, 70

リスク社会　62
リーダーシップ　46
立命館大学　77
リテラシー　43
リメディアル教育　67
両極化した等至点（Polarized-EFP：P-EFP）　186
量的研究　178, 180
理論算出法　180
理論的サンプリング　182
理論的飽和　182
ルーブリック　126, 146, 169
歴史的構造化ご招待（HSI）　184-186

レスポンデント行動　9
レディネス　23, 132
レベル0知識　98
レベル1知識　98
レベル2知識　98, 99
レベル3知識　16, 98, 99
6-6法　31
ロールプレイ　110
わかった　49, 50
わかったつもり　49, 50
わかる授業　59
早稲田大学　77

## 執筆者紹介
(執筆順。＊は編者。)

### ■章

＊田中俊也（たなか・としや）関西大学名誉教授。博士。［担当］はじめに，第1章

﨑濱秀行（さきはま・ひでゆき）阪南大学教授。博士。［担当］第2章

森　朋子（もり・ともこ）桐蔭横浜大学教授。博士。［担当］第3章

岩﨑千晶（いわさき・ちあき）関西大学准教授。博士。［担当］第4章

森田泰介（もりた・たいすけ）東京理科大学教授。博士。［担当］第5章

平山るみ（ひらやま・るみ）大阪音楽大学・大阪音楽大学短期大学部准教授。修士。［担当］第6章

北野ドゥースティ朋子（きたの・どぅーすてぃ・ともこ）関西大学非常勤講師。博士。［担当］第7章

山田嘉徳（やまだ・よしのり）大阪産業大学准教授。博士。［担当］第8章

安田裕子（やすだ・ゆうこ）立命館大学准教授。博士。［担当］第9章

### ■コラム

小島美和（こじま・みわ）小学校教諭。修士。特別支援教育士（S.E.N.S）。学校心理士。［担当］コラム1

清水　梓（しみず・あずさ）元中学校社会科教諭。修士。［担当］コラム2

松下陽子（まつした・ようこ）元小学校教諭・元新任研修指導員。［担当］コラム3

黒松成輝（くろまつ・しげき）高校地歴科（日本史）教諭。修士。［担当］コラム4

西澤晴香（にしざわ・はるか）臨床心理士。修士。［担当］コラム5

■編者紹介

**田中俊也**（たなか・としや）
名古屋大学大学院教育学研究科博士課程後期課程教育心理学専攻満期退学。
現　職：関西大学名誉教授。博士（心理学：名古屋大学）
専　門：教育心理学，認知心理学，教授・学習心理学。
著訳書：『思考の発達についての総合的研究』（関西大学出版部，2004年），『教育心理学［第3版］』〈ベーシック現代心理学6〉〔共著〕（有斐閣，2015年），『大学で学ぶということ――ゼミを通した学びのリエゾン』〔共著〕（ナカニシヤ出版，2015年），A. プリチャード／J. ウーラード『アクティブラーニングのための心理学――教室実践を支える構成主義と社会的学習理論』〔翻訳〕（北大路書房，2017年），『大学での学び――その哲学と拡がり』（関西大学出版部，2020年）他。

## 教育の方法と技術
――学びを育てる教室の心理学――

2017年10月28日　　初版第1刷発行
2021年9月10日　　初版第3刷発行

編　者　田　中　俊　也
発行者　中　西　　　良

発行所　株式会社　ナカニシヤ出版
〒606-8161　京都市左京区一乗寺木ノ本町15
TEL（075）723-0111
FAX（075）723-0095
http://www.nakanishiya.co.jp/

© Toshiya TANAKA 2017（代表）装幀／白沢　正　印刷／製本・亜細亜印刷
＊乱丁本・落丁本はお取り替え致します。
ISBN978-4-7795-1210-0　Printed in Japan

◆本書のコピー，スキャン，デジタル化等の無断複製は著作権法上での例外を除き禁じられています。本書を代行業者等の第三者に依頼してスキャンやデジタル化することはたとえ個人や家庭内での利用であっても著作権法上認められておりません。